U0549538

冰雪经济
融合发展研究

任玉珊 刘雪松 黄艺红 付卉 徐雪娇 著

吉林大学出版社
·长春·

图书在版编目（CIP）数据

冰雪经济融合发展研究 / 任玉珊等著.— 长春：吉林大学出版社, 2021.12
ISBN 978-7-5692-9753-9

Ⅰ. ①冰… Ⅱ. ①任… Ⅲ. ①冰－资源经济－研究－中国②雪－资源经济－研究－中国 Ⅳ. ①F127

中国版本图书馆CIP数据核字(2021)第247756号

书　　名：冰雪经济融合发展研究
BINGXUE JINGJI RONGHE FAZHAN YANJIU

作　　者：任玉珊　刘雪松　黄艺红　付　卉　徐雪娇　著
策划编辑：邵宇彤
责任编辑：李潇潇
责任校对：高珊珊
装帧设计：林　雪
出版发行：吉林大学出版社
社　　址：长春市人民大街4059号
邮政编码：130021
发行电话：0431-89580028/29/21
网　　址：http://www.jlup.com.cn
电子邮箱：jdcbs@jlu.edu.cn
印　　刷：长春第二新华印刷有限责任公司
开　　本：787mm × 1092mm　　1/16
印　　张：13
字　　数：200千字
版　　次：2022年 5月　第1版
印　　次：2022年 5月　第1次
书　　号：ISBN 978-7-5692-9753-9
定　　价：70.00元

前　言

谈到冰雪经济，人们自然想到“绿水青山就是金山银山，冰天雪地也是金山银山”的科学论断。因为冰雪资源的开发利用，不仅给人们带来了参与竞技比赛、旅游休闲、教育培训等方面的快乐体验和文化享受，而且给人类创造了特色的冰雪产业和巨大的经济效益。

那么，以冰雪资源为基础的冰雪经济或产业形态研究，如果不同于传统意义的从生产、流通、分配到消费的全产业链条透视分析，在冰雪资源的开发利用、消费体验的动态过程中找到一个切入点的话，会是什么呢？我想影响人们参与冰雪竞技运动、观光旅游的基本条件的供给程度应该考虑在内。这是因为，冰与雪的资源开发与场馆建设是发展冰雪经济的基础，人们被吸引来运动和体验就要购买装备、接受培训指导，也会留下好或坏的印记。这些因素代表了冰雪经济的重要构成部分，人们对其产业形态形成了基本共识，也在某种程度上反映了开展市场活动的营商环境和文化氛围。2015年，中国成功获得举办第24届冬季奥林匹克运动会主办权，发展冰雪经济迎来了时代契机，也促进了冰雪资源开发、竞技运动、文化旅游、装备制造、教育培训等不同要素或业态的快速发展，体现在国家和地方政府的政策导向上，就是对“三亿人参与冰雪运动”的全面支持，以及各类冰雪业态供给主体在市场竞争下对“大力发展寒地冰雪经济”的积极响应和创新实践。近几年来，“冬奥”效应推动了东北、华北、西北冰雪场馆和配套设施建设以及南方多地大众冰雪场馆综合体开发等，为发展冰雪经济奠定了坚实基础。更加积极的政策导向体现出冰雪体育、冰雪旅游、冰雪文化、冰雪装备和冰雪教育的融合发展，以及高质量发展过程中的产业升级转型和全域、全季与全链条的调整。所以，从供给侧和需求侧的要素变化入手，我们可以观察冰雪经济在空间、时间和社会三个维度的要素业态融合发展过程。

2017年底，我担任北华大学校长，切身体验到吉林市雾凇和冰雪的独特自然魅力，深刻认识到丰富的冰雪资源给发展冰雪运动、冰雪旅游和文化、冰雪装备和制造、冰雪教育和培训带来的独特先发优势。国家承办“冬奥会”的荣耀、践行“两山”理念的责任、北华大学冰雪竞技运动的骄人业绩，使我有了围绕冰雪做点实事的冲动。这样的想法，得到了时任教育厅副厅长许世斌同志（现任教育厅一级巡视员）的高度认同，建议创建冰雪旅游学院。于是，2018年北华大学冰雪学院成立了。依托学校多学科优势和吉林区域特色冰雪产业与资源，树立“大冰雪”教育理念，打造了“冰雪+”和“+冰雪”人才培养模式，建立冰雪教育联盟，承办国家冰雪创意大赛，举办冰雪论坛，冰雪学院已成为吉林省冰雪人才培养基地、冰雪科学研究基地、社会服务与成果孵化基地、冰雪文化艺术创新基地和国际冰雪教育交流基地。三年来，承担近50项科研课题，大致归结为冰雪经济与产业以及相关的冰雪资源、运动、旅游文化、科技装备和教育与人才培养等。我想，每一项课题的研究都有相应的理论基础或政策依据，获得的研究结论都会有丰富的实证案例支撑，动态地将这些理论基础、政策依据和实证案例总结到本研究的框架内，本身就是一个关于冰雪的相关领域研究的实证案例。

正是基于对这些研究领域的理解，以及与政府、企业产学研合作的收获，特别是受“大力发展寒地冰雪经济”的启发，我与团队成员刘雪松博士共同深入讨论了“吉林省冰雪经济融合发展路径研究”课题的研究内容，将“冰雪经济”作为主要研究领域。这是一个宽泛而崭新的研究视野，还没有成为专门门类，也不是经济统计体系的新类别。但是，不管我们是充满好奇、还是熟视无睹，是欣然接受、还是左顾右盼，关于冰雪的资源供给、人类活动、政策保障、市场机遇和效益收获等都会与冰雪经济相伴而生，自然成为了冰雪经济的主要内涵。在组织团队调查研究和探讨交流基础上，我们初步形成了对冰雪经济概念的理解和共识，也确立了冰雪资源、冰雪运动、冰雪旅游、冰雪装备、冰雪教育和冰雪文化要素的基本内涵。六个核心要素的外延还不能完全限定或精确控制，因为不同人的理解会有差异，你可以无限想象其基本内涵之外的所有内容。

毋庸置疑，上述思想得到了系统论理论的支持。另外，以冰雪场馆及附属服务设施为核心的冰雪资源涵括了劳动、土地和资本等，是冰雪经济最基本的生产要素；冰雪旅游、冰雪体育、冰雪文化、冰雪装备制造和冰雪人才培养等构成了冰雪经济的相关与支持性产业，它们各自不同的企业形态也会呈现出不同的发展战略、产业链和产业体系。某种程度上说，这个体系的竞争力高低表现出冰雪经济发展质量的好坏。我们将核心要素与政府行为、市场机遇共同输入简化的“钻石模型”，构成了冰雪经济融合发展的基本研究框架，也得到“钻石模型”理论的支持。这些基本假设来自于对国家与地方冰雪经济发展政策的理解和国内外研究成果的归纳，也得到了近5年来冰雪产业快速发展的实践印证。

众所周知，系统的结构决定功能。冰雪经济核心要素的发展不是独立的、静态的，会呈现出不同的业态，也会相互作用和彼此融合，必然促进冰雪经济融合发展。这种融合发展过程就是冰雪经济的高质量发展，不仅有要素的动态增长和作用，还体现在宏观层面的空间、时间和社会维度的融合及要素业态的融合发展过程，嵌入理论、空间结构理论和可持续发展理论都给出了较好的合理解释。虽然研究的逻辑假设关系得到了不同案例和政府政策的证实，但是从冰雪经济的要素融合到产业升级，直至经济形态的跃升都不是简化的理论分析、模型建构的简单思维过程，而是复杂的全生产要素和产业链的变革创新过程。在实践中，我们整合了有关课题的研究成果，丰富了冰雪经济研究的内容。在此基础上，提出了吉林省发展冰雪经济的政策建议。无论如何，在冰雪经济的宏观、中观和微观层面，深入开展要素业态发展机理、融合路径、政策与市场的作用等方面的理论和实践研究都是有意义、有价值的工作方向，很可能会成为全要素、全链条、全领域发展冰雪经济的研究重点。

因此，本书的研究只是一个开端性的研究总结，还不能成为严谨意义上的阶段性成果。想象未来，在“冬奥”和“后冬奥”时代，我们都会成为“三亿人参与冰雪运动”的实践者，如何做大做强冰雪经济，研究和实践的问题依然很多，我们一直在路上。

2021年8月30日于吉林·北华大学

目　录

绪　论 …… 1

0.1　选题背景及研究意义 …… 1

0.2　国内外研究述评 …… 5

0.3　研究的主要思路及研究方法 …… 20

第1章　主要概念及基础理论 …… 22

1.1　关于冰雪经济的概念及问题 …… 22

1.2　冰雪经济融合发展相关理论 …… 27

1.3　冰雪经济要素流动与发展路径的逻辑关系 …… 32

第2章　冰雪经济发展现状与瓶颈 …… 37

2.1　冰雪经济发展现状 …… 37

2.2　冰雪经济面临的瓶颈 …… 52

第3章　冰雪经济“三北”融合发展 …… 63

3.1　冰雪经济“三区”联动发展的必要性 …… 63

3.2　冰雪经济“三北”融合发展的基础 …… 66

3.3　冰雪经济“三北”融合发展路径分析 …… 80

3.4　案例分析——吉新冰雪经济高质量发展试验区 …… 82

第4章　冰雪经济四季融合发展 …………………………………… 88
4.1　冰雪经济四季融合的必要性 ………………………………… 88
4.2　冰雪经济四季融合影响因素分析 …………………………… 90
4.3　冰雪经济四季融合的国际比较与借鉴 ……………………… 94
4.4　冰雪经济四季融合发展对策 ………………………………… 96
4.5　案例分析——万科松花湖滑雪度假区四季运营策略 …… 101

第5章　冰雪经济与社会融合发展 ………………………………… 105
5.1　冰雪经济融合发展的制度基础 …………………………… 105
5.2　吉林省“冰雪经济与社会”融合发展 ……………………… 107
5.3　案例分析——吉林市冰雪经济融合发展探讨 …………… 118

第6章　政策视角下的冰雪经济融合发展 ………………………… 140
6.1　冰雪经济融合发展的理念基础及政策响应 ……………… 141
6.2　政策视角下的冰雪经济空间融合发展 …………………… 144
6.3　政策视角下的冰雪经济四季融合发展 …………………… 154
6.4　政策视角下的冰雪经济社会融合发展 …………………… 156
6.5　高质量发展背景下冰雪经济融合发展路径创新 ………… 161

结论与建议 ………………………………………………………… 166
7.1　基本结论 …………………………………………………… 166
7.2　创新与不足 ………………………………………………… 169
7.3　政策建议 …………………………………………………… 170

参考文献 …………………………………………………………… 178

后　　记 …………………………………………………………… 193

绪　论

近十年来，在中国申请和承办第24届冬季奥林匹克运动会的准备过程中，以冰雪资源开发和利用为基础的系列产业活动越来越活跃，在社会经济发展中的地位越来越重要，对区域经济影响越来越明显，呈现出冰雪运动、冰雪旅游等单业态发展向多业态融合发展的趋势。冰雪产业链逐渐健全和完备，开启了冰雪产业向冰雪经济跃升的新阶段。但在实际发展中，还存在许多现实问题。因此，对冰雪经济融合发展开展研究，具有重要的理论价值和现实意义。

0.1　选题背景及研究意义

0.1.1　选题背景

冰雪同森林和海洋一样，作为世界三大旅游资源之一，是大自然馈赠给人类的礼物。以冰雪资源为载体而兴起的经济形式，被称之为冰雪经济。具体而言，冰雪经济是以冰雪为特征的经济，是以冰雪资源为载体，以冰雪旅游、冰雪体育、冰雪文化、冰雪装备制造、冰雪教育培训为核心动力，融合冰雪交通、冰雪地产、智慧冰雪等多行业共同发展的冰雪全产业链体系，涵盖于三次产业的经济生产和消费活动的总和。自2015年中国成功获得第24届冬季奥林匹克运动会（简称冬奥会）主办权以来，冰雪经济的发展迎来了时代契机。国家先后颁布了《冰雪运动发展规划（2016—2025年）》（简称《发展规划》）、《全国冰雪场地设施建设规划（2016—2022年）》（简称《建设规划》）、《群众冬季运动推广普及计划（2016—2020年）》（简称《普及计划》）、《关于以2022年北京冬奥会为契机大力发展冰雪运动的意见》（简称《发展意见》）等，为冰雪经济在全国迅速发展制定了纲领、指明了方向。特别是“冰天雪地也是金山银山”“大力发展寒地冰雪经济”“三亿人参与冰雪运动”等精辟论断，极大地调动了大众参与冰雪运动的热情，也为北方省份的经济发展，特别是吉林省经济高质量发展指引了一条新路径。如今，冰雪经济发展已经初见成效，吉林省高端冰雪休闲度假产业集聚区初现端倪（拥有世界级旅游度假区、高端星级品牌酒店、度假小镇、温泉中心、长白山大剧院等）；哈尔滨国际冰雪节及冰雕雪雕成为国际品牌（与日本的冰雪节、加拿大的各令节、挪威的滑雪节并称世界四大冰雪节，拥有哈尔滨冰雪大世界大型冰雕展区、太阳岛雪雕公园、兆麟公园的哈尔滨火灯游园会等）；辽宁沈阳国际冰雪节如火如荼（拥有棋盘山冰雪大世界、关东庙会、盛京灯会等）；呼伦贝尔和黑河寒地试车产业全国首创（呼伦贝尔的牙克石冬季汽车测试场、中国首个“汽车寒区试验基地”黑河等）；新疆阿勒泰直升机低空观光运输新业态崛起，包括阿勒泰至富蕴、阿勒泰至喀纳斯（贾登峪）、阿勒泰至禾木三条低空旅游航线等等。南方大部分省会城市也开始建设室内滑雪场、大型综合体等，彻底改变了“南方无雪场”的传统观念。最具代表性的有广州融创雪世界、成都融创雪世界等。不少地区建设冰雪乐园、冰雪小镇、移动冰场和移动雪屋等，催生了与冰雪有关的新业态的快速发展，如：冰雪装备制造业、冰雪文化旅游业、冰雪教育培训等。还有高水平的冰雪会展，加速了冰雪经济与社会的融合，如在中国北京“新首钢高端产业综合服务区”（简称首钢园区）举行的2021年国际冬季运动博览会，是本年度滑雪行业的大型现场活动之一，也是助力2022年北京冬奥会的盛大展会。

根据国家体育总局冬季运动管理中心（简称冬运中心）最新数据，到2021年初，全国已有654块标准冰场，较2015年增幅达317%，已有803

个室内外各类滑雪场，较2015年增幅达41%。①参与全国大众冰雪季的地域范围不断扩大，已经实现了31个省市区全部联动，冰雪经济呈现一派欣欣向荣的发展局面。尽管中国冰雪经济取得了飞速的发展，但是与冰雪运动强国相比还有很大的差距，冰雪经济还需要从融合发展中补足短板、提质升级，实现从冰雪产业向冰雪经济的跨越式发展。

0.1.2 研究意义

0.1.2.1 践行“绿水青山就是金山银山，冰天雪地也是金山银山”理念的需要

自2015年北京获得2022冬奥会举办权以来，国家高度重视冰雪产业的快速发展，习近平总书记率先提出了“绿水青山就是金山银山，冰天雪地也是金山银山”的理念（简称“两山”理念）。“两山”理念是对自然环境和自然条件与财富之间的辩证发展观的形象阐述，也得到了各级政府的积极响应，发展冰雪经济已成为国家意志和战略。吉林省全面践行“两山”理念，制定了落实“大力发展寒地冰雪经济，吉林要做好雪文章”以及“要推进冰雪旅游、冰雪运动、冰雪文化和冰雪装备等加快发展”等重要思想的系列政策。围绕高质量发展，立足“构建以国内大循环为主体、国内国际双循环相互促进的新发展格局”（简称“双循环”），把握新发展阶段，先行先试、率先创新发展冰雪经济，打造冰雪经济创新引领和实践示范新高地和新载体；贯彻“创新、协调、绿色、开放、共享”新发展理念，引领中国冰雪经济高质量发展；构建新发展格局，以融合发展促进冰雪经济提质升级，以“冰雪丝路”为媒介，开展对外开放和交流，推动建立现代化冰雪经济体系。大力发展冰雪经济已成为践行“两山”理念，实现政策落地生根的需要。

0.1.2.2 抢抓北京冬奥会和冬残奥会有利契机的需要

2022年，第24届冬季奥林匹克运动会将在中国北京-张家口举行，这一盛事使冰雪成为中国经济发展的新动能。为扩大“冰雪人口”的基

① 中国冰雪运动发展驶入快车道，国家体育总局［EB/OL］.（2021-06-25）https://www.sport.gov.cn/n20001280/n20745751/n20767277/c23398743/content.html

数，国家通过举国体制推动冰雪运动的发展，例如：颁布《“带动三亿人参与冰雪运动”实施纲要（2018—2022）》（简称《实施纲要》）。其目的就是大力推动群众性冰雪运动，有效解决中国冰雪基础人口支撑严重不足的困境，提高滑雪渗透率和转化率。在“冬奥效应”的催化作用下，中国超大规模冰雪内需潜力正获得更大的激发与释放，吉林省“白雪换白银”、打造“万亿级”产业的冰雪经济战略开始付诸实践。可以预测，后奥运时代将是中国冰雪市场的高速发展期。随着冰雪经济加快融入国内国际“双循环”，加上三亿人超大规模消费人群的支撑，足以引领中国后奥运时代冰雪经济发展，冰雪经济在东北亚以及全球的核心竞争能力将会进一步提高。

0.1.2.3　中国冰雪经济发展的现实需要

现阶段，中国已成为全球发展最快、潜力最大的冰雪市场，国内各金融投资机构、冰雪关联企业都在抢抓冰雪产业黄金发展期的战略机遇。近几年来，国家利用“冬奥契机”抓住冰雪产业发展机遇，深挖资源禀赋，积极培育冰雪新业态，加强冰雪产业要素支撑力度，深入推进宣传推广和IP打造，精准制定冰雪产业扶持政策，冰雪产业呈现强劲发展势头和良好局面。但与挪威、芬兰、美国等发达国家相比，中国冰雪经济发展还处于初级阶段，仍存在着诸多制约冰雪经济发展的因素。尤其是冰雪资源高效开发程度不高、冰雪产业与旅游产业融合度低、冰雪文化内涵挖掘不足、冰雪产业群众基础弱、冰雪装备技术落后、冰雪教育培训缺位等瓶颈问题依然表现突出。据不完全统计，全国依托冰雪资源发展冰雪经济的省份达16个以上，东北和华北已经成为引领冰雪经济发展的领头羊。探索冰雪经济的发展模式和路径，构建现代冰雪经济体系，提高冰雪经济占经济总量的有效份额，是未来中国经济高质量发展的必然选择之一。

0.2　国内外研究述评

在欧美一些冰雪资源大国，冰雪旅游常被认为是冰雪经济的同义词，如美国、加拿大、瑞士等国家的冰雪旅游业发展完善，形成完备的产业体系，带动交通、住宿、制造、金融、建筑等二、三产业的发展，冰雪旅游业已经成为重要的经济增长点。欧洲冰雪旅游发展的地域主要在北欧地区，是世界上冰雪旅游较为发达的地区之一，拥有悠久的冰雪旅游发展历史。挪威是最具有代表性的国家，是现代滑雪发源地，古代人滑雪的画像在4000多年前就雕刻在了壁画上。进入冰雪季节，法国每天通过冰雪旅游可创造百亿法郎的经济收入，相关配套产品的收入更是超过了冰雪旅游本身。阿尔卑斯山脉拥有世界上最好的粉雪资源，已经成为意大利、奥地利、芬兰、瑞士等国家发展冰雪经济的自然优势。但是，随着全球气候变暖，冰川不断消融，阿尔卑斯山地区的气候变化也影响了冰雪旅游的发展（康世昌等，2020）。更多研究者关注气候变化如何影响冰雪经济的发展问题，也使得气候变化和冰雪旅游的关系研究成为国外研究最多的课题之一（Dawson，Scott，Havitz，2013）。

在中国，随着北京成功申办2022年冬季奥运会，冰雪经济进入了新发展阶段，带来了巨大的经济发展新机遇。目前，全国已建成滑雪场800多家，滑雪场及其配套设施建设极大地促进了相关产业的发展，冰雪产业已成为新兴产业以及区域经济发展新的增长点。北京和张家口地区、东北地区的吉林省和黑龙江省，冰雪产业发展已初具规模，特别是冰雪运动和冰雪旅游发展的受重视程度不断提高，在冰雪旅游、冰雪体育和冰雪文化等方面也涌现出一大批研究成果。但是，目前研究的深度、广度还不够，冰雪经济、冰雪产业相关的理论研究成果不多，研究领域不聚焦。因此，本书对相关研究进行了系统梳理和分析，以便掌握目前的研究态势，预测未来的发展变化规律及未来研究的重点和方向。

本研究以“冰雪”或“滑雪”为主题，检索了1980年以来的CNKI所有学术期刊文献，共2万余篇，具体情况如下：

（1）发表文献的年度趋势

如图1所示，相关研究文献最初不超过100篇，随着逐年增加，到2007年接近500篇。2007年到2008年一年时间增加到1500余篇，随后有所下降，之后又有增加。到2020年，一年发表的期刊又达到1400余篇，总体呈现出不断增长趋势。

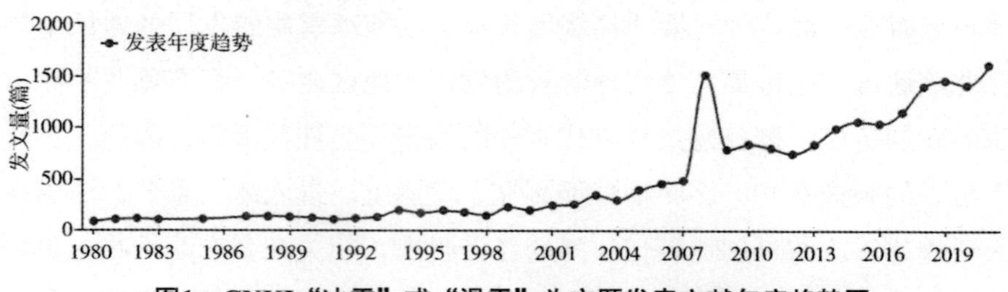

图1　CNKI“冰雪”或“滑雪”为主题发表文献年度趋势图

（2）主题分布分析

黑龙江省和哈尔滨市冰雪方面研究起步较早、文献较多，冬奥会是世界冰雪运动盛会，相关研究也较多，其他省市也有相应的研究。以主要主题分布统计的排名前十来看，前五项为冰雪运动（573篇）、冰雪旅游（399篇）、冰雪灾害（397篇）、skiing（269篇）、滑雪场（261篇），如图2所示。

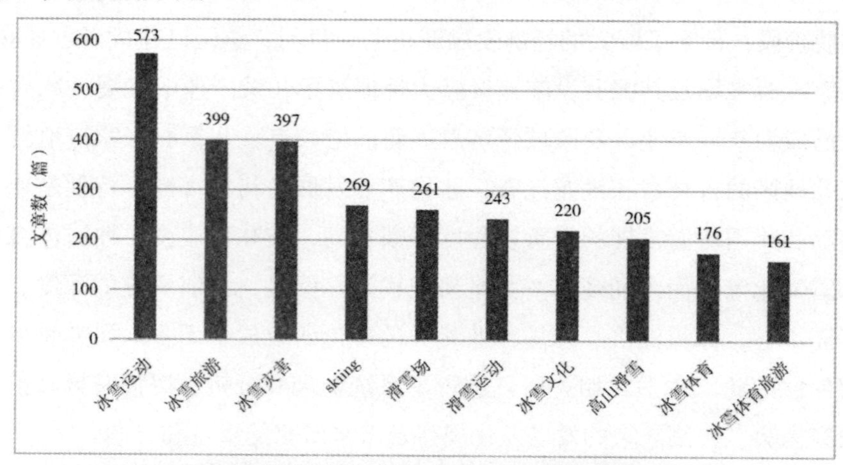

图2　CNKI“冰雪”或“滑雪”为主要主题发表分布分析

（3）期刊来源分布

以排名前十的期刊来源统计数据来看，排名第一的期刊是Medicine and Science in Sports and Exercise 占20.27%，以后依次为Scandinavian Journal of Medicine & Science in Sports（16.18%）、北京体育大学学报（11.5%）、Journal of Sports sciences（9.36%）、The American Journal of Sports Medicine（8.77%），之后五个期刊依次为体育科学、International Journal of Geographical Information、Journal of Biomechanics、Wilderness & Environmental Medicine、European Journal of Sport Science，具体如图3所示。

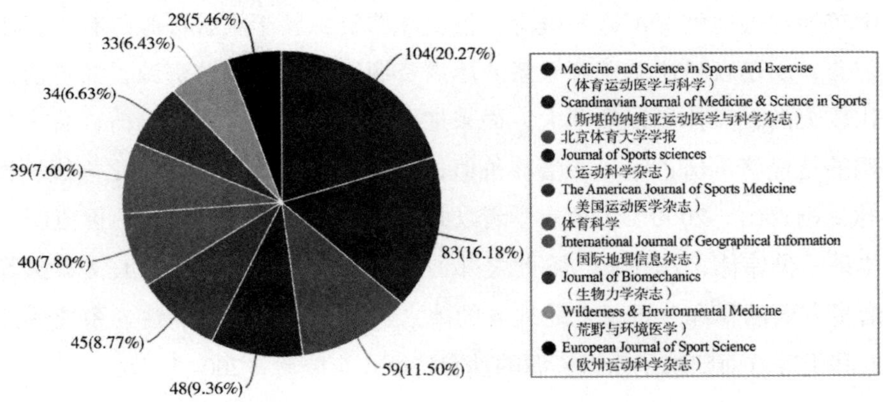

图3　CNKI“冰雪”或“滑雪”为主题的期刊来源分布分析

通过对这些文献内容甄别，本研究筛选出1万余篇相关文献，依据经济要素和冰雪产业体系核心要素，如冰雪运动、冰雪旅游、冰雪文化、冰雪装备等进行分类（杨安娣，2020；王光龙，2011），具体评述如下：

0.2.1　冰雪资源

西方学者并未针对冰雪资源问题展开系统的研究，而是将其视作一种产品类别加以分析，如美国学者将滑雪旅游列入森林旅游当中，当然也有将其划到自然旅游当中的（何丽芳，2016；David, & Lars，2000）。

澳大利亚等国家习惯于依托制定旅游吸引物标准的方式来加以划分，如滑雪场、滑冰场等，学者们很少投入精力来阐释何谓冰雪产业。对于冬季运动旅游地而言，其在很多时候指的是企业、社团或者其他组织积极地完善配套设施，以满足旅游者的诸多需求。其中，作为一种以滑雪场为平台的旅游地，已经成为给旅游者提供攀登、散步、日光浴等服务的产业，但是此项旅游对于气候环境、地形条件等有着较为苛刻的要求（Elsasser，& Messer，2001）。中国学者也不甚关注冰雪资源的内涵问题，此方面的研究成果较少。1997版的《旅游资源分类分级系统》一书中较为详细地阐释了这一概念，指出冰雪资源属于旅游资源的有机组成部分，属于自然旅游资源景系。冰雪资源属于寒地旅游资源，其价值是比较大的，具体可以从两大方面来加以理解：第一，现实价值，着重强调的是经济价值；第二，潜在价值，主要涵盖了生态以及文化价值（梅林，杨青山，2000）。也有学者以此为切入点构建起了相应的价值研究体系（吴伟伟，2010）。除此之外，还有学者从自然资源、人文资源等诸多方面阐释和分析了东北地区的冰雪资源，着重从季节性、系统性开发利用等方面归纳了冰雪资源的独有特征（李晓玲，2004）。

0.2.2 冰雪运动

国外相关研究主要集中在冰雪运动分析、冰雪赛事及其影响几个方面，重点分析冰雪赛事对举办地社会经济发展的影响。冬季奥林匹克运动会项目的未来发展趋势以及冬奥会举办地应对气候变化等问题也受到了学者们的关注（Rutty，Scott，Steiger，et al.，2014）。亚洲国家也重视冰雪运动的普及推广，在注重学校教育的同时更加重视教练员的作用。日本学者平川仁彦（2010）强调教练员在滑雪运动中的重要性，认为参与滑雪运动是保持健康的一种方式，但是在运动时也存在一定的危险性，教练员有支持、引导、保证参与者安全的重要职责，如果教练员能给参与者提供系统化的指导，滑雪运动就能作为一种生活方式在普通群众中扎根、推广。

国内学者探讨的问题主要为冰雪运动产业的发展模式、策略及政策、集群化发展及其对区域经济发展的影响、冰雪体育产业链结构等方面（姜藤野，2012；杨苓，韩朝阳，2021；王傲宇，2021等），还有部分学者对影响大众冰雪运动发展的因素进行了阐释，例如德国经常举行群众体育比赛活动，大众体育发展较好的原因是其拥有完善的体育管理体制，让体育运动始终保持着自治地位，为人们提供了大量参与体育运动的时间。德国的自然环境也适合户外体育运动的开展，人们对大众体育发展的需求也非常高（王燕，2013）。在20世纪初期，德国就颁发了全国范围内修建体育设施的“黄金计划”，其后又有“锻炼活动”“德国体育指南”等为大众健身奠定了坚固的基础。在基础设施建设方面，据统计，到1980年东德就有三百多个滑雪跳台（刘波，2014）。

0.2.2.1　大众冰雪运动发展策略研究

群众性冰雪运动的发展主要是调动大众的主动参与性，要注重与国家战略相辅相成。研究表明，发展群众冰雪运动应采取重点区域发展策略，根据国家政策、竞技、规划、战略以及不同地区的自然条件、场地设施等多方面定向发展冰雪运动，保障群众性冰雪运动安全开展；积极利用社会组织、赛事活动等方面来普及冰雪文化和教育，培养大量冰雪专业人才，也是扩大参与人口的重要措施（柳阳，2017）。实践表明，共享、融合的理念指导利用互联网平台、大众媒介等方法促进了冰雪运动发展。重视冰雪运动教育、利用竞技体育等竞赛活动，对引导青少年参与冰雪运动起到了极大的推动作用（孙科，2017）。影响大众冰雪运动发展的因素有很多，包括政府、社会、经济、冰雪运动本身以及滑雪场自身建设等方面的原因（崔英波、臧丽娜、谷化铮，2014）。中国北方地区具有明显的气候、地理条件优势，多年形成了丰富的冰雪文化底蕴，辅以配套交通、食宿等政策支持，大众冰雪运动得到了较好的普及和发展（全海英、张琪，2018）。同时，存在有资源开发利用不足、南北方发展不均衡，冰雪基础设施不完善，专业人才匮乏，宣传、推广力度不够，冰雪市场管理标准欠缺、安全保障力量不足等问题制约着大众冰雪运动的发展（宋睿、赵岷、杨生源等，2018）。由此可见，中国具备承办冬季奥林匹克运动会、冰雪资源、经济基础等优势，冰雪运动还有较大的发展潜力，但在大众冰雪运动方面没有形成具体的发展策略。进入数字时代的中国，信息技术已融入时代的方方面面，运用竞技体育、群众性比赛活动、大众媒介等多渠道，对冰雪运动进行宣传引导，一定能够增加中国冰雪人口数量，促进大众冰雪运动蓬勃开展。

0.2.2.2　北京冬奥会对群众体育运动的影响研究

众多研究者都认识到中国冰雪项目发展起步较晚、群众基础薄弱，还存在人才短缺等问题。实践证明，举办冬奥会不仅能够增强人们对冬季运动的认识和了解，而且更重要的是推动了全民健身运动广泛开展。筹办冬奥会就必须增加投入基础建设设施，扩大参与冬季运动的大众基础，丰富群众冬季体育运动的方式等，都对冰雪运动大众化发展产生了积极影响（逯明智，2016）。举办一场有世界影响力的冬季体育综合赛事，特别是冬奥会，不仅能向世界展示中国的综合实力，还有利于人们培养冬季健身运动的意识，提高参与冰雪运动的兴趣，从而更加积极参加体育锻炼。而且，冬奥会的举办让群众体育项目不再限于球类、田径等夏季项目，滑雪、滑冰和冰球等冬季项目丰富了群众体育健身的项目选择（陈利红，2019）。冬奥会的准备过程，推动了国民冬季体育健身意识的培养，极大地调动了群众参与体育运动的兴趣，增加了冰雪运动专业人才数量，为推动三亿人参与冰雪运动奠定了群众基础（李勇、唐宝盛、王诚民，2018）。而且冬奥会的举办，进一步打破了中国“冰强雪弱”的局面，促进了全民健身运动内容多样化，有效推动了全民冰雪运动的开展（单琛蕾、张伟、郝鹏飞，2018）。所以，成功申办冬季奥林匹克运动会，对全国群众性冰雪运动发展产生了实实在在的积极影响，增加冰雪体育人口的同时，也为开展形式多样化、大众喜闻乐见的冬季体育健身活动，夯实群众冬季体育基础带来了新的发展机遇（王诚民、郭晗、姜雨，2014）。简而言之，2022年北京举办冬奥会是中国大众冰雪运动发展的良好契机，不仅可以扩大群众基础，提高大众冬季运动的意识，还能完善对冰雪运动场地设施的建设，丰富大众冬季运动项目，推动全民健身运动的开展。但是，还必须面对冬季运动项目起步晚、大众冰雪运动意识薄弱等问题，需要通过研究，提供符合实际的解决方案。

0.2.2.3　关于冰雪人才培育对开展冰雪运动的影响研究

专业人才短缺已经成为中国冰雪运动事业发展进程中的瓶颈问题之一，国家应利用冬奥会契机，改善冰雪运动后备人才培养现状（姜龙江、张卫新、姜馨等，2013）。但是，受季节和气候的影响，冰雪资源也是一种稀缺资源，各地区分布不均，对大中小学校的师资力量配备也造成了影响，南方地区的学校甚至没有冰雪运动方面的教师。特别是受传统思想观念的影响，有的学校对文化课的重视程度要远高于体育课，加之目前学校尚未形成校园冰雪文化氛围，多种因素影响着冰雪运动进校园的进程（任海龙、李欢欢，2019）。“冰雪运动进校园”对开展学生冰雪体育运动、传承和弘扬奥林匹克精神有着特别重要的积极意义，其价值不仅在于促进“体育和智育”的融合，而且会营造常态化的冰雪运动氛围和良好的校园文化，从而培养学生对冬季运动的文化认知，实现文化自觉、文化自信、文化自强（庞博韬、刘俊一，2019）。冰雪竞技人才培养难度较大，培养周期也比较长，为保证冰雪运动的可持续发展，就要把冰雪运动后备人才培养模式的研究放在至关重要的位置（曹杰、任杰、刘义峰等，2018）。青少年参与冰雪运动主要受时间、技术与安全、场地交通、经济与思想文化几类因素的制约，同时冰雪运动有着高难度技术动作的特点，对服装、装备也有一定的要求，这些因素都影响着青少年参与冰雪运动。在偏远地区的学校，学生的运动时间有限，也鲜有冰雪课程的开设，场地和技术的要求等因素制约了青少年参与冰雪运动（梁成军，2019）。因此，政府、社会、学校、个人多层面都要采取措施，提高青少年冰雪运动参与积极性，才会产生明显效果（卢德文，2017）。其他有效措施还包括：根据季节性特征，在校园里推行冰雪特色课程，满足不同学生兴趣需求，避免课程单一。通过课程普及冰雪运动，更大范围地推广和弘扬冰雪运动文化，提高参与冰雪运动的兴趣。现阶段，虽然各级各类学校冰雪运动课程的开展取得了一定的成效，但是多主体的合力支持还是必不可少的，有效措施包括教育部门深入摸索、探讨，进一步与冰雪运动强国交流、推广先进的校园冰雪课程的教授方式、手段、技术和理论经验等（伊晓彤、孙鸣浩，2017）。国内也有学者开展亚洲冬季运动会、世界大学生运动会等大型冰雪体育赛事对地区影响的研究，相关研究成果并不多，特别是相关赛事对冰雪经济融合发展带来影响的研究还处于空白。

0.2.3 冰雪旅游

滑雪旅游是国外研究者关注冬季旅游研究的热门课题，研究方法主要为实地调查、个案分析、模型量化预测等。国内研究者多数将滑雪旅游作为冰雪旅游的一类进行研究，更多的文献从较宽的范畴对冰雪旅游问题进行研究。

20世纪90年代，学者们开始研究冰雪产业发展及振兴等问题，主要集中在滑雪产业发展态势与演进、滑雪旅游软环境建设、滑雪旅游产业的可持续发展及竞争力、滑雪旅游的集聚发展、连带效应及产业优势、具体地区滑雪旅游业的发展等方面（Williams，Fidgeon，2000；张德成，1998；司尚泰，2013；贾利、张晓彦、欧玉斌，2002；黄卉，2012；张成刚、姜春平、李延亭，2010；房英杰、郭俊清等，2011；王立国，2010；王豫东，2011）。还有结合具体国家冰雪产业发展实际情况的研究，例如针对加拿大滑雪产业提出开发新市场并建立适当的产品开发战略，等等。

Holden（1998）针对苏格兰山地滑雪场展开了深入调研活动，着重分析了旅游者的旅游需求问题；Richards（1996）针对英国旅游滑雪市场的发展状况展开了调研，借助于科技手段进行了预测；Dewar, Meyer, & Li（2001）主要分析了哈尔滨与北美地区旅游活动的相似点和不同点，关注文化的差异对于旅游者旅游需求的影响问题；Williams, & Fidgeon

（2000）分析了哪些因素会对于潜在游客的需求产生影响等问题；May（1995）以冬奥会为切入点展开研究，分析了环境对于冬季旅游的影响问题；Gilbert, & Hudson（2000）借助于相关的数据构建了限制性条件模型，以此来分析滑雪运动对于旅游者旅游兴趣的影响问题；Flagestad, & Hope（2001）主要分析了北美地区的冰雪资源，强调只有保护好资源才能将其经济价值挖掘出来；Fredman, & Heberlein（2003）着重分析了瑞典山区的各项旅游资源，据此分析了冬季旅游的市场前景问题；Falk（2008）对滑雪价格与度假地质量之间的关系进行了研究，分析滑雪度假地的基础娱乐设施，包括雪道总长度、滑雪路线、缆车载客容量、现代化高速运输设施数量、缆车与升降机站的平均高度以及雪季长度等使用情况。研究发现，雪道长度、雪场运输能力、现代化高速缆车数量以及雪场的自然环境等因素都会对票价产生影响。考虑各个因素的重要程度不同，现代化高速载客缆车对票价的弹性影响大于造雪能力因素对票价的影响。

国外研究者还结合局部地区冰雪资源开发的实例进行深入探讨，并在此基础上给出了针对性建议。滑雪旅游是相对新型的旅游消费方式，Goldsmith，Seidl, & Weiler（2001）以科罗拉多州萨米特县为例，运用计量经济模型研究了滑雪旅游对当地经济的贡献率，发现旅游收入占萨米特县经济总收入的38%，滑雪收入占旅游收入的25%，在20,481个工作岗位中，37.4%与滑雪旅游业相关，每多一英寸的雪就会给萨米特县的经济带来150,800美元的收益；以Elsasser, & Messerli（2001）为代表的学者注重气候在冰雪资源中的作用，并以瑞典为例，认为只有保护好生态环境、合理开发资源，才能让气候发挥更大的作用；Elsasser, & Bürki（2002）以加拿大为例，对滑雪市场做出详细分析，提出细分和拓展市场的建议；以Elliot, Lloyd, & Rowan-Robinson （1988）为代表的学者则把眼光放在了苏格兰，对这个地区的冰雪旅游的资源和条件做出分析，指出要合理利用冰雪资源、认真建设旅游地区基础设施，以此促进产业结构的调整；Luthe（2007）对凯恩科尔姆地区开展深入研究，证实了冰雪产业的发展是实现冰雪资源价值的条件的观点；Garbas（2007）提出要开发冰雪旅游资源项目，就必须走持续发展的道路，并以罗马尼亚为例证实了这个观点；Lawrence（2007）认为气候时刻都在影响着冰雪资源，对此还作出时间序列模型，提出冰雪资源产业的发展要依赖环境的改善。国内学者对如何实现冰雪资源价值这一领域研究的较少，一部分研究者也把研究方向聚焦在如何利用冰雪资源以及规划建设冰雪资源项目上，并以特定地区为例，开展实证研究。吴艳秋（2004）对哈尔滨地区的冰雪资源做了深入的研究，认为哈尔滨地区别具一格，其独特的冰雪文化可以为其冰雪资源的开发奠定文化底蕴，从而使哈尔滨冰雪资源成为全国冰雪产业的翘楚，为其他地区冰雪旅游的开发树立了榜样；王竞梅（2004）提出了政府和企业联手共同发展冰雪旅游产业的模式，并就吉林省冰雪旅游当前的发展状况做出具体分析；王民（2004）认为黑龙江具备独特的条件，它已经充分利用这些条件形成冰雪产业链，并以此为中心辐射到周围地区，带动其他地区发展。研究还建议要寻求更大的发展，必须走持续发展的道路；吴琼（2011）以黑龙江为例，认为制约其发展的主要原因是地区发展的差异化和同质性，要打破当前的困境，就要调整冰雪资源的空间结构，使其朝着多极化方向发展；以董欣（2004）为代表的学者认为冰雪品牌的创立至关重要，其关系着旅游资源的开发和发展趋势；朱红（2006）等以消费者为切入点进行研究，并对黑龙江地区的消费人群做出分析，得出消费者大多是中高等收入人群的结论；徐淑梅（2008）等运用定性和定量的方法对黑龙江省的经济开发和冰雪市场做出详细的分析。

随着人们的生态和环境保护意识的增强，国内外学者越来越重视旅游业对环境的影响问题。研究发现：滑雪产业对美国新墨西哥州陶斯市社区资源和灌溉农业构成了一定的威胁，而且滑雪旅游的发展对当地的生物生存环境已经产生了一些影响，如高山滑雪对苏格兰肯哥姆岩雷鸟的影响、对阿尔卑斯地区鸟的影响以及造成蜥蜴生活习性的改变等。现阶段，中国滑雪旅游对环境的影响研究相对较少，还没有得到一定程度的证实。有研究表明，滑雪产业不但会影响当地的生态环境，其本身还极易受到气候和环境变化的影响，尤其是近些年以来，全球变暖给滑雪旅游行业的发展带来了较大的威胁和挑战。因此，需要及时发现和解决中国滑雪产业可能存在的生态和环保问题。另外，国内外的一些专家和学者也针对具体问题进行了有关研究：杨建明等（2010）分析了全球气候变化对中国冬季冰雪旅游的影响，Gonseth（2013）研究了雪量的变化对瑞士冬季旅游的主要影响，Balbi，Giupponi等（2013）对欧洲阿尔卑斯山区冬季旅游适应气候变化以及改变旅游需求的策略进行了评估和分析。Burakowski, & Magnusson（2012）选取了美国的五个州，针对气候变化对这些地区冬季旅游的影响进行了研究和分析。Martin Falk（2013）选取奥地利28个滑雪目的地的动态面板数据，研究发现气候变化影响了滑雪的发展。Landauer等（2013）分析了奥地利和芬兰的跨国滑雪者的滑雪行为，研究了不同文化背景下旅游适应气候变化的选择策略。Dawson等（2013）认为，滑雪旅游部门为应对气候变化，开展多样的风险管理活动，滑雪市场、社会和个人都需要切身参与其中。综上所述，在不同地区，滑雪场的建设和滑雪旅游的发展确实对当地的生态和环境产生了一定的影响，但也对经济发展起到了明显的促进作用。如何趋利避害，应该结合具体实际，开展多要素分析和研究，找到科学合理的答案，这也是研究者义不容辞的责任。

0.2.4　冰雪文化

近年来，国内学者关注的焦点主要集中在冰雪文化集群化研究、生态化的发展研究，以及冰雪文化产业的开发研究、空间结构体系研究等方面（曹士云，2009；王凯宏，2013；张艳，2013；郑永梅，2011）。国外学者对冰雪文化的相关研究主要集中在当地文化和滑雪旅游的融合方面。世界上最受人瞩目的冰雪艺术展，除中国的哈尔滨国际冰雪节外，日本的札幌冰雪节通过以著名建筑、名人及闻名于世的各种卡通人物吸引了大量来自全球各地的游客，给当地经济带来了快速发展

（新藤健一郎，2004）。加拿大的渥太华冰雕赛通过引导游客参与冰雕的制作、冰雪运动、邀请全球著名艺术家增加知名度，活跃了经济发展要素。芬兰的冰雪城堡每年都通过创新主题吸引更多游客，瑞士通过世界冰雪节将本国文化带给世界（Pettersson, & Getz，2009；Gelter，2008）。Robert将瑞典的杰克默克冬季旅游节描述为，"杰克默克冬季旅游节将世界自然遗产、撒米文化风情、北极圈坐标轴、壮观的冰雪景色融为一体。自身延续了近400年的冰雪文化底蕴，将来自全球各地的冰雪旅游爱好者和冰雪游客吸引到了这里，使其成为世界上最为著名的冰雪旅游地之一。"①这些研究表明：冰雪文化的产业化发展需要不同的典型活动载体、融不同的冰雪元素，表现出明显的物质环境和条件的文化属性，但在冰雪文化的精神层面、制度层面的文化属性挖掘还不够，需要开展针对性的研究。

0.2.5　冰雪装备

查阅国外文献，发现滑雪器材装备和制造方面并没有作为重点研究领域，国外的研究者较多关注于冰雪旅游、运动等方面的管理、服务上，以及市场推广和技术开发方面的相关研究与讨论，在本研究文献区间的相关研究成果不多。国内冰雪产业和冰雪经济方面的研究刚刚起步，关注冰雪装备的研究文献相对较多，但涉及装备内涵、核心技术的研究深度不够，分类分析研究的较多。研究者倾向于将冰雪运动装备分为两种：第一类是各种类型的滑雪滑行装备、滑雪板、攀冰装备、滑雪包和其他滑雪辅助工具等运动型装备，以及冰上飞碟、冰球器材、冰壶设备、短道速滑和花样滑冰等专业产品和其他流行的滑冰设备和消耗品。第二类是压雪机、造雪机、滑雪场索道、缆车和支持设备、溜冰场支持设施和维护设备等冰雪运动场所使用的设施（董传生，2010）。常见的滑雪场专用设备包括吹雪机、滑雪安全设施、滑雪设备配置及其他

① Robert，徐洁、李念译．杰克默克冬季旅游节［J］．景界，2006，3（4）：54-59.

大型设备等，滑雪道以及接待和餐饮设施、体育和娱乐设施、滑雪商业机构和其他辅助设施（如康复中心、会议中心、商业中心）等属于为滑雪者提供服务的设施。滑雪产品还可以进一步分成两个部分，分别是核心产品和外围产品。在滑雪场必须要用到的包括专用造雪机、滑雪板、滑雪鞋等就是核心产品（张贵海，2008）。当前冰雪制造市场上占份额最多的就是美国的雪神造雪机和法国的约克造雪机，中国的冰雪制造还处于起步阶段。1996年，雪神造雪机引进中国，已占据国内市场的60%左右，是目前使用最多的造雪机，北京滑雪市场的份额高达80%。由于南方温度较高，所以多使用多喷嘴耐高温造雪机（宋晓雪，2017）。过去，滑雪场大都聚集在东北地区，近几年，全国多个地区也有了滑雪场，中国滑雪场的数量不断增加，滑雪设备也越来越先进。现在滑雪的人越来越多，促进了滑雪装备需求的增加，这是促进消费和相关产业发展的有利条件，尤其是可以快速推动滑雪产业的基础设施建设和发展（杨斌，2014）。

0.2.6　冰雪教育

欧美国家非常重视学校的冰雪教育，会经常开展一些冰雪运动“混合运动”，例如教育周、体育节等，美国各地区的学校经常开展娱乐性极强的冬奥活动来推动冰雪运动的快速发展（尹振，2020）。在冰雪运动的普及过程中，西欧国家更加强调学校教育传承的重要性，如奥地利联邦教育部大力支持学校滑雪运动，从一开始就设法使每个学生都能负担起滑雪的费用，开设学校滑雪课程。同时，通过大众媒体的广泛传播、非政府机构的滑雪俱乐部和滑雪协会的大力推动，滑雪运动得以普及大众（Rudolf Müllner，2013）。加拿大立足社区以及其他非营利性场所、完备的青少年冰雪赛事体系、学校和家庭等多个方面开展冰雪人才培养是青少年冰雪乃至大众冰雪运动处于世界发达行列的根本原因（邢晓燕、MacIntosh、刘平江等，2019）。挪威、奥斯陆等地冰雪运动的快速发展与体育社会组织的重要作用密不可分，体育社会组织作用主要体现在组织滑冰、滑雪赛事，对群众冰雪提供指导（Hasselgrd，2015）。苏联高度重视冰雪运动，为了保证滑雪课可以顺利开展，每年在进入冬天之前，相关部门就会做好基本的准备工作。另外，在滑雪教学过程中，主要通过游戏的方式激发学生参与滑雪运动的积极性，学生也因此更快地掌握原理、提高了滑雪技巧（邱淼，1993）。加拿大在为冰壶运动培养人才的时候，运动员不仅需要专项技术以及身体的训练，还要将体育、健康、教育知识相结合，从而最大限度地让冰壶运动员多方面锻炼和发展（王珂、李妍，2013）。日本的中小学校园中开设了冰雪课程，教材中有冰雪运动内容，不仅调动了学生参与热情，而且参与冰雪运动的学生数量也不断增长，为冰雪运动的发展打下了良好的人才基础（张智敏、王志强，2019）。韩国政府为保障冰雪场所的安全性和未来发展，制定了严格的冰雪场所建设审核政策，还把冰雪运动纳入学生必修的科目来进行系统的学习，这一做法使得冰雪运动在韩国的发展有大量的人才储备，为进入冰雪强国行列打下了基础（阚军常、姜立嘉，2013）。随着冬奥会申办成功，中国越来越重视冰雪人才培养，一些学者研究了冰雪课程进校园的课程建设，认为青少年滑雪教学课程体系构建是一个长期系统工程，应关注学生参加冰雪运动发展潜质，突出文化内涵、教育价值和健身属性，学校应积极开展滑雪知识竞赛活动，加强滑雪文化建设，促进滑雪育人功能，构建“小学、初中、高中、大学”各年龄段适宜的一体化课程体系（孙赫，2021；吕佳兴，2020；高江峰，2020；陈晓花，2020；孙有，2020；苗琼玉，2020；王翼腾，2019；周若晨，2018；徐鹏飞，2016等）。

此外，也有中外学者针对冰雪产业给区域经济发展带来的贡献进行了研究。Wikler（1988）；Lasanta，Laguna，Vicente-Serrano（2007）以美国俄勒冈州为例，研究了滑雪对该地区经济的影响；以西班牙比利牛斯山脉滑雪为例，研究滑雪目的地对地中海山区经济均衡发展的作用。孙丽波（2011）从产业关联效应的角度出发，对中国东北地区冰雪旅游产业的关联度进行了测算。随着2022年北京冬奥会临近，中国冰雪产业还会迎来大发展（王泽雨，2021）。

综上所述，国外学者对于冰雪经济做出的探讨就地区而言重点放在北欧以及北美地区；就研究内容及方法而言主要有以下两点：第一，对冰雪产业进行了长时间详尽地研究分析，并从微观的角度入手，总结分析了冰雪市场的现状及未来的发展趋势；第二，从实际出发，以实证为例，通过技术模型和数量模型等开展量化研究，从成果上看，国外学者的研究方法已经相当完善，对于冰雪资源的开发，也提出了许多珍贵的建议，给开发商提供了借鉴。而国内对冰雪经济的研究尚停留在表面层次，较多研究了冰雪旅游方面的经济效应，提出的问题也大多针对旅游领域。欠缺之处在于没有准确界定冰雪经济，把冰雪旅游和冰雪经济画上等号，导致冰雪经济的内涵不清晰、要素不明确，使冰雪经济的研究具有明显的局限性。

国外对冰雪产业的定义相对来说比较狭窄，大多数研究都集中在滑雪产业、滑雪旅游和冬季旅游这三个方面，并重视滑雪行业和环境之间的相互作用。另外，重视利用计量经济和数理统计等科学研究方法对滑雪旅游市场发展、滑雪旅游者的意愿以及滑雪旅游对地区经济的影响等方面开展实地调查和个案研究。总的来说，国外对冰雪文化的研究很少。国内对冰雪产业的定义就比较宽泛，研究范围涉及冰雪旅游及其产业、冰雪运动、冰雪文化以及冰雪节庆等领域。但需要注意的是，现有的研究成果具有一定的重复性，研究方法主要是定性描述，同时还缺少实证和定量分析的依据，研究的理论也缺乏一定的深度。总而言之，不管是国外的研究还是国内的研究，都没有对支撑冰雪产业发展的理论和冰雪经济的整个产业链、经济链进行针对性的系列科学研究。虽然对冰雪资源、冰雪运动、冰雪装备以及冰雪旅游、文化和人才等都有不同程度的分析研究，但是研究视野和分析有所差异，所以开展系统性分析和归类研究，对科学理解冰雪产业、冰雪经济的内涵，制定合理的策略具有重要的理论价值和现实意义。

0.3 研究的主要思路及研究方法

0.3.1 研究的主要思路

本文在充分搜集和梳理冰雪经济发展的现有文献和相关理论的基础上，首先，通过文献分析和政策分析确认促进冰雪经济发展的核心要素，构建核心要素“钻石模型”，以核心要素为基础，系统分析中国冰雪经济的发展现状以及存在的瓶颈制约；其次，具体分析冰雪资源、冰雪旅游、冰雪体育、冰雪文化、冰雪装备制造、冰雪教育等影响因素，筛选核心要素并研究其在全国冰雪经济的空间融合、四季融合、社会融合过程中的发展轨迹，辅之以案例分析验证；再次，从冰雪经济政策演进的视角分析政府政策对冰雪经济融合发展的促进效应，并提出中国冰雪经济实现多重融合的对策；最后，得出全国冰雪经济融合发展的基本结论，并提出实施建议。本文的技术路线图见图4。

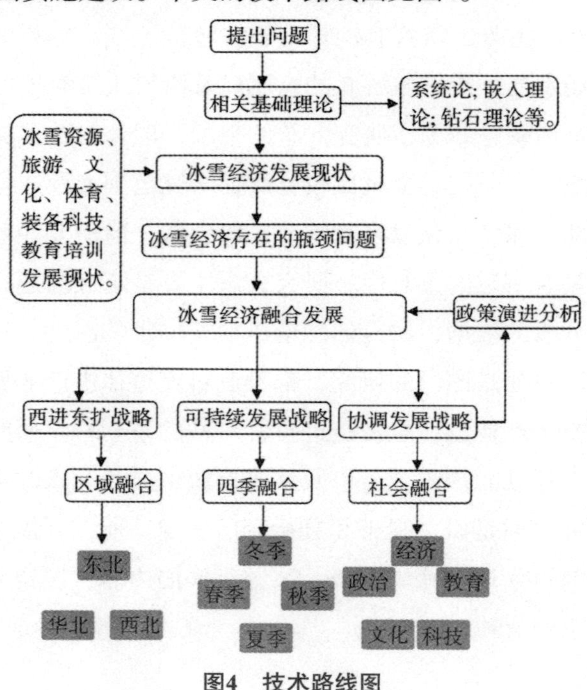

图4　技术路线图

0.3.2 研究方法

0.3.2.1 文献分析法

在现有研究基础上，利用中国知网、档案馆和统计局查询学术文章、档案资料和统计数据，对搜集到的文献资料进行分类整理，分析冰雪产业和冰雪经济发展的学理基础和理论依据，并归纳出目前中国冰雪经济发展的现状和瓶颈问题。

0.3.2.2 系统分析法

冰雪经济发展既是中国经济发展的新动能，也是新一轮东北振兴的新经济增长点，它是一个涉及经济、文化、教育、科技、环境的复杂系统。本文应用系统分析方法，从整体上把握全国冰雪经济发展脉络。

0.3.2.3 理论和实证相结合的方法

首先，通过市场调查获取冰雪经济产业统计数据，分析经济发展与政策、文化、科技等因素之间的相关关系，研判冰雪经济发展趋势以及冰雪经济对于经济总量的带动效应。其次，通过对相关政府人员、企业、社会组织、消费者进行访谈，获得第一手资料以及其他文献资料，分析归纳、探讨中国冰雪经济融合发展的具体策略，提出未来创新发展之路。

第1章　主要概念及基础理论

传统认识中，冰雪资源大国和冰雪运动强国在欧州和北美等国家，人们对冰雪资源开发和应用、冰雪运动和装备、冰雪旅游和文化的研究相对较早，成果较多。在中国，“冰雪热”是近一个时期的“冬奥热”的反应，人们对冰雪的关注越来越多，相关业态和要素的研究也多了起来。但对冰雪产业和冰雪经济的研究还没有形成一致的认识，实践活动也就各有不同的方向。因此，有必要对其概念进行科学界定，在寻求理论支持基础上，开展深度研究。

1.1　关于冰雪经济的概念及问题

1.1.1　冰雪经济的概念

到目前为止，冰雪经济并没有一个概念性的定义，一些学者将冰雪经济归类于第三产业①，具有一定的片面性，因为冰雪经济在第一产业和第二产业中同样发挥着重要作用。本文基于大量的文献梳理和研究，为冰雪经济的内涵作如下表述：“冰雪经济是依托冰雪资源发生的经济、文化和社会活动的总和，既包括第三产业，也包括与之相关的其他产业的活动。冰雪经济涵盖冰雪运动、冰雪旅游、冰雪文化、冰雪装

① 朱馥萍. 冰雪经济对黑龙江省区域经济的影响［J］. 商业经济，2008.03；孙淑英. 黑龙江省：冰雪经济存在的问题及发展对策［J］. 统计与咨询，2011.05；邱凯. 黑龙江省冰雪经济产业发展研究［D］. 哈尔滨商业大学，2014.

备、冰雪教育等一系列业态，这些产业共同构成了冰雪经济体系。”

冰雪经济研究最初的文章发表在《龙江社会科学》杂志上，题目是“建立一门新学科——冰雪经济学”[①]。这篇文章提出把冰雪经济作为一门学问研究，拉开了冰雪经济研究的序幕。根据对中国知网文献检索得知，从1994年到2020年间，以冰雪经济为题的文献仅有33篇，冰雪经济理论研究滞后现象比较明显。但是与冰雪经济研究形成鲜明对比的是它的子要素研究，如“冰雪运动”（746篇）、“冰雪旅游”（523篇）、“冰雪文化”（238篇）、“冰雪产业”（159篇）研究却呈现出百家争鸣的局面。

近二十年来，围绕“冰雪”一词出现频次最多的是冰雪体育（冰雪运动）、冰雪旅游、冰雪文化、冰雪产业等。通过知网（CNKI）主题词搜索“冰雪体育”“冰雪旅游”“冰雪文化”“冰雪产业”“冰雪经济”，对全部检索结果进行计量可视化分析，得出了这些主题词研究的总体趋势。

关于冰雪方面的早期研究，基本围绕着冰雪体育、冰雪旅游、冰雪文化展开的，这时的冰雪产业尚未形成产业体系，所以冰雪产业研究也没有纳入学者的研究视野；冰雪体育、冰雪旅游和冰雪文化各产业的不断完善和成熟，促进了冰雪产业链的形成，催生了冰雪经济新业态，学者的研究趋向也逐渐转向对冰雪产业和冰雪经济的研究；2022北京冬奥会申办成功，加快了冰雪体育、冰雪旅游和冰雪文化等相关产业的发展进程，也加快了冰雪产业向冰雪经济跃升的步伐，冰雪产业和冰雪经济的研究随之呈现大幅增长的态势。近年来，随着中国经济由高速增长阶段转向高质量发展阶段，高质量发展成为国家“十四五”乃至更长时期经济社会发展的主题，学术界的研究趋向开始转向冰雪产业和冰雪经济高质量发展问题，促进了冰雪经济研究在广度和深度的延展。

为了直观说明冰雪经济的范畴以及与其他相关冰雪概念的关系，本

---

① 武岫岚.建立一门新学科——冰雪经济学[J]. 龙江社会科学，1994.06.

文用图示加以表示（见图1-1）。如图1-1所示，冰雪经济涵盖的范畴最广，包含冰雪产业的全部内容，冰雪产业次之，包含冰雪行业，冰雪行业包含冰雪企业，冰雪企业包含冰雪职业。

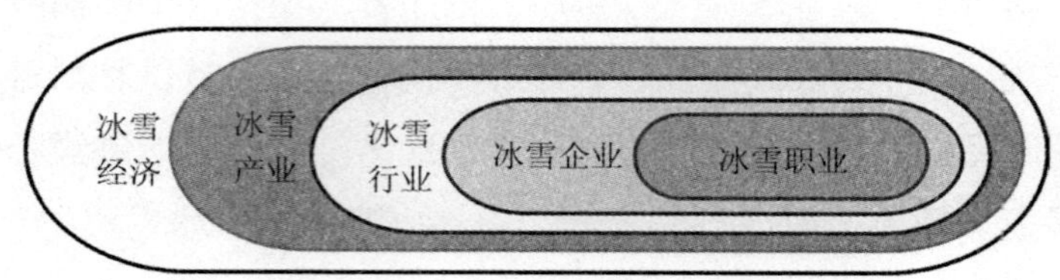

图1-1　冰雪经济的范畴

1.1.2　冰雪经济的要素

冰雪经济的要素构成相当广泛，涵盖了冰雪产业链条相关的全部内容。冰雪产业链条的构成成分相当庞杂，如冰雪旅游、冰雪体育、冰雪文化、冰雪康养、冰雪商贸、冰雪装备制造、冰雪教育培训、冰雪营销等产业，还包括一些冰雪健身休闲业、冰雪竞赛表演业、冰雪度假地产业、冰雪会展业等新型产业形态。而每一项产业又包含众多的内容，如冰雪装备制造业，既有冰雪运动个人轻装备，也有滑雪场基础设备及相关装备器材，涵盖了以索道、魔毯、造雪机等产品为主的冰雪场地装备和以冰刀、雪板、雪服、雪鞋等产品为主的冰雪运动器材两大制造体系。因此，分析冰雪经济的要素是一项复杂的系统工程。成立于北京清华园的前瞻产业研究院是一家集"大数据+研究+规划+资本"的智库服务机构，曾经为冰雪产业链制作了一个图谱，其中涵盖了众多的冰雪经济要素，但依然不够全面。比如忽视了冰雪政策的重要引领作用以及未能涵盖层出不穷的冰雪新业态，不过，对理解冰雪经济体系还是具有一定的参考作用。

本文认为，冰雪经济是一个多层次、多因素、多系统的复合体系，冰雪产业只是冰雪经济体系中一个角度或方面的内容。从广义来讲，构成冰雪经济体系的要素主要包括冰雪产业结构要素、冰雪区域经济结构要素、冰雪企业结构要素，还包括对这些结构要素产生影响作用的市场资源配置方式要素和政府宏观管理体制要素。其中冰雪产业结构要素处于主导地位，主要包括核心关联产业要素、基础配套产业要素、重要延伸产业要素。文献梳理和研究证明，冰雪资源、冰雪旅游、冰雪体育、冰雪文化、冰雪装备制造、冰雪教育培训六大要素既是冰雪产业核心关联要素，也是驱动冰雪经济融合发展的关键要素。

1.1.3 融合发展的内涵

2018年，“加快融合发展”首次出现在亚洲博鳌论坛。作为社会发展的重要规律之一，融合发展是马克思主义发展观在新时代的重要创新，是根据新时代特点形成的理论政策指导体系。

融合发展具有多重内涵。首先，融合发展是社会发展的主要驱动力量。社会发展是经济发展和政府作用的有效结合，经济发展的根本在于组成经济活动的要素之间的融合和扩张，政府指导市场在资源配置中发挥决定作用，促成社会的良性运行和协调发展。其次，融合发展具有层次性。既有宏观层面的融合，也有微观层面的融合，还有介于二者之间中观层面的融合。冰雪市场的新需求导向促成了冰雪经济急需改革供给侧结构，属于宏观层面的融合；“2022通滑卡”是滑雪企业为了实现共同利益而促成的融合，属于微观层面的融合；京津冀一体化、粤港澳大湾区、长吉图开发开放先导区是不同区域间的产业融合，属于典型的中观融合。最后，融合发展受外部条件的制约。如：吉林新疆两省区共创的中国（长白山脉—阿尔泰山脉）冰雪经济高质量发展试验区建设要受到两地交通的制约、泛珠三角区域经济一体化要受到地方行政体制的制约、“一带一路”建设要受到相关国家制度的制约等等。总之，融合发展的核心是利益共享，通过经济要素融合破除障碍因素，创造更多更大的价值，才是融合发展的本意。

本文的“融合”并不局限于产业间的融合，而是从更宽泛的意义讨论冰雪经济空间的、自然的、社会的融合路径和模式。如第3章是从空间层面探讨了冰雪经济东北、华北、西北融合发展的可行性路径；第4章是从自然层面探讨冰雪经济四季融合的实现路径；第5章是从社会层面探讨了冰雪经济与政治、文化、生态、教育、科技等社会因素融合的具体路径。空间的融合、自然的融合和社会的融合构成了冰雪经济融合发展最主要的组成部分。

1.1.3.1 空间融合

空间融合是指冰雪经济不同区域间的子系统和结构在相互关联、相互作用的基础上，组成更大的有机体或稳定的系统，最终实现彼此要素、结构与功能的有机融合和利益共享。冰雪经济的空间融合是冰雪产业横向集聚的过程，是冰雪经济各区域要素与要素、结构与结构之间相互渗透，交互作用下形成的综合效应。冰雪产业“北冰南展西进东扩”战略就是冰雪经济空间融合的政策基础。

1.1.3.2 四季融合

四季融合是指冰雪经济区域内冰雪资源、冰雪产业、区位交通、文化/生态环境、市场需求、人才供给等要素建立耦合的动力机制，在时间轴上形成供给侧与需求侧互为动力，形成相互促进、协调运行的循环系统，是冰雪经济破除季节障碍，实现“硬资本”（冰雪资源和产业等）和“软资本”（冰雪人才和文化等）有机结合的系统。可持续发展战略是解决冰雪经济四季融合发展的根本抓手。

1.3.3 社会融合

社会融合是冰雪经济系统与其他经济、社会、文化、教育、科技等社会系统之间相互融合，使冰雪经济系统适应社会发展需要及市场需求，实现冰雪经济的长期可持续发展目标。冰雪经济通过融合发展夯实社会系统建设的经济基础，反过来，社会系统建设又对冰雪经济融合产生积极的促进作用，最终使冰雪经济融合发展与社会系统建设进入良性循环。协调发展战略是冰雪经济社会融合的制度基础。

1.2 冰雪经济融合发展相关理论

冰雪经济是依托冰雪资源发生的，与经济、文化和社会相关的冰雪产业活动的集成。管理学的系统论、经济社会学的嵌入理论、经济学的钻石理论、空间结构理论和可持续发展理论为冰雪经济融合发展奠定了理论基础。

1.2.1 系统论

系统论是全面研究有关对象整体联系的一般科学方法的理论。基本思想是把研究和处理的对象当作一个系统，考察众多子系统的结构和功能，研究各子系统间、子系统与环境的相互关系和变动规律性。为此，这个系统具有以下特点。第一，整体性。即系统是由不同要素构成的，各要素之间在发挥不同功能的同时相互联系、相互协调、相互制约，从而使整个系统发挥更大功效。第二，层次性。从系统内部来说，系统由大系统和小系统构成；从系统外部来说，外部环境是系统存在的前提，也是促使系统不断变化的根源。第三，动态性。一方面，系统内部任何子系统的变化都会引起其他系统的变化，从而导致系统内部的变化。另一方面，系统外部环境也处于不断变化中，从而引起系统发展变化。

从系统论的角度看，东北振兴背景下，发展冰雪经济就是一项复杂的系统工程，这个系统工程内部包含政治、经济、文化、生态、科技、教育等相关子系统。只有这些子系统相互联系、协调互动、良性运作，这个大系统才能有效运转、发挥更大效果。

1.2.2 嵌入理论

嵌入理论是经济社会学家在研究经济与社会关系时提出的理论，最早由匈牙利哲学家波兰尼提出。新经济社会学家把“嵌入”作为理论的核心概念，出发点是考察经济与社会的相互关系。波兰尼分析了19世纪前后人类经济行为，指出19世纪前人类的经济行为作为一种制度过程嵌入社会关系之中，并由社会关系、经济制度和非经济制度共同作用。19世纪后，经济开始按照自己的特定模式脱离社会的约束自由发展并反作用于社会。①

继波兰尼之后，美国学者格兰诺维特（Granovetter）进一步发展了“嵌入性”概念，指出“嵌入”是网络关系中行动者之间的社会关系和经济关系的重要特征。他提出经济行为嵌入社会关系的程度和水平或许会随着时间和空间的不同而发生改变，但经济行为嵌入社会关系和社会结构之中的事实是永存的。②所以，人类的经济行为和社会结构是永久性紧密相连的。此外，格兰诺维特还根据经济行为嵌入社会关系的方式进行分类，将嵌入分为关系嵌入和结构嵌入。关系嵌入是指个体行动者的经济行为要受到社会关系网络影响，如社会关系网络中的规则性期望、互惠性原则等会影响个体的经济决策，这是从微观层面对个体行为者的经济行为和社会关系特征的描述。结构嵌入则是从宏观层面探讨行动者的经济行为如何受到不同文化、价值观等因素的影响，即行为者的经济行为还是嵌入在整个社会结构和社会关系中的。此后，经济社会学家祖京（Zukin）和迪马吉奥（Dimaggio）还进一步提出经济行为的结构嵌入、认知嵌入、文化嵌入、政治嵌入。结构嵌入强调经济活动的方式受物质交换网络结构的影响，认知嵌入强调经济行为受主体所在周边环境和原有思维意识的引导或限制，文化嵌入则强调传统价值观、信念、信仰、宗教对行为主体经济活动的制约，政治嵌入强调政治环境、政治体制、权力结构对经济主体行为产生的影响。哈哥多（Hagedoom）运用嵌入理论分析企业发展时还提出环境嵌入、组织间嵌入和双边嵌入，以此强调国家特点、产业特性、网络环境、合作历史等对企业行为所产生

① Polanyi K.: The Great Transformation: The Political and Economic Origins of Our Time [M]. Beacon Press, 2001: 112.

② Granovetter M.: *Economic Action and Social Struc*—ture: The Problem of Embeddedness [J]. Journal of Sociology, 1985, (91): 481-510.

的影响。

综上，以格兰诺维特为代表的新经济社会学家提出的“嵌入”理论对冰雪经济的研究极具借鉴意义。从微观层面上看，个体从事的冰雪经济行为嵌入在社会关系网络中，并受其影响。从宏观层面上看，冰雪经济的发展也嵌入于社会结构中，国家政策环境、产业特性、区域文化传统等因素都对其产生影响和制约。

1.2.3 钻石理论及模型

钻石理论来源于波特对产业竞争力成因的分析，对不同国家以及不同产业的竞争力的深入研究形成了“钻石模型”。波特发现，决定一个国家的某个产业的竞争力主要有四个因素：生产要素，本国市场的需求，相关与支持产业的表现，企业战略、结构、同业竞争。另外，还有两个不确定因素的影响，即政府行为和市场机遇。由此构建了“钻石模型”主体框架，这些要素以统一整体的形式决定着产业竞争力的高低。

本文通过对国家及地方冰雪经济发展政策的梳理以及近5年冰雪产业发展的市场实践研究，发现推动全国冰雪经济高速发展的核心要素至少有六个，分别为冰雪资源、冰雪旅游、冰雪体育、冰雪文化、冰雪装备制造和冰雪人才培养。以冰雪场馆及附属服务设施为核心的冰雪资源涵括了劳动、土地和资本等，是冰雪经济最基本的生产要素；冰雪旅游、冰雪体育、冰雪文化、冰雪装备制造和冰雪人才培养等构成了冰雪经济的相关与支持性产业，它们各自不同企业业态也会呈现出不同的发展战略、产业链和产业体系。所以，本研究将冰雪经济融合发展简化为冰雪产业体系的竞争力指标，六大要素简化为“钻石模型”的四个主要因素，它们与政府和发展机遇共同构成了冰雪经济钻石模型的主体框架。用图示表示为：

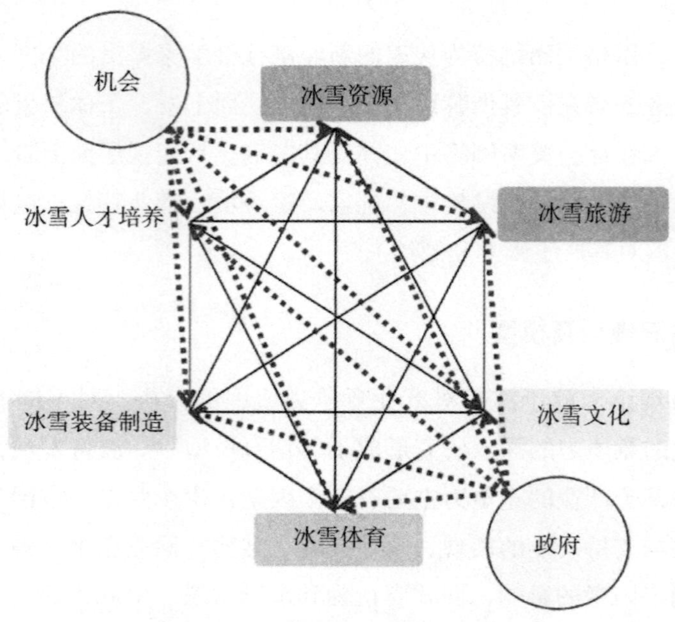

图1-2　冰雪经济“钻石”结构

从图1-2可以看出，首先，构成冰雪经济的六大核心要素之间存在耦合的机制。既是构成要素，又相互关联、相互作用。如冰雪人才培养是冰雪经济可持续发展的主要驱动力量，同时，冰雪人才培养与冰雪体育的关联作用又是冰雪经济体教融合的内在逻辑。其次，冰雪经济“钻石”结构模型清晰解释了冰雪经济融合发展的内在机理。核心要素之间的相互关联作用是形成经济活动的基础，也就是说，冰雪经济融合发展的机制实质是核心要素之间的融合过程，要素活动作为典型的产业业态，它们的融合过程即是机制作用过程，彼此之间的关系和作用形成了冰雪经济融合发展的路径。最后，冰雪经济要素的流动和融合受政府政策和市场机遇的重要影响。国家提出的“双循环”新发展格局、“三亿人参与冰雪运动”号召以及“冬奥效应”，都会对冰雪经济融合发展进程产生政策和机遇方面的决定性影响。

1.2.4 空间结构理论

空间结构理论是从古典区位理论发展而来的。人类要生存就要进行必要的生产生活，选择合理的区位（location）至关重要，因此产生了古典区位理论。该理论认为，应从成本和利润角度出发，研究某个主体最佳的区位决策。由于该理论偏重于静态的、局部的、均衡的分析，外部条件过于理想化，研究主体过于单一片面，最终被空间结构理论所代替。概言之，空间结构理论是空间结构要素相互区位关系以及与人类社会经济活动相互关联的空间组织形式。空间结构要素主要可归纳为点、线、面，空间结构理论涉及一系列理论，主要有点轴渐进扩散理论、增长极理论、核心-边缘理论以及圈层理论等。

空间结构理论适用于冰雪经济空间融合的研究范畴。区域冰雪经济空间布局可以冰雪城市作为“点”，以交通道路为“线”，以一定距离的区域范围（客源市场圈）为“面”。在冰雪城市（点）和客源市场圈之间存在着冰雪消费者空间集散现象，冰雪消费者在冰雪城市的集聚和扩散体现着冰雪消费的全过程。从更大的区域范围看，相邻的冰雪城市同样发生着冰雪消费者空间集散现象，这就会产生竞争与合作。随着冰雪经济要素在不同区域之间流动和相互作用，冰雪经济活动开始日益频繁，冰雪经济融合发展趋势开始显现。

从目前的冰雪经济空间结构现状看，中国已经形成了相对均衡的、各具特色的区域性冰雪经济圈（带），如以吉林和黑龙江为龙头的东北滑雪大区、以冬奥会举办城市为特色的华北冰雪运动大区、以资源特色见长的新兴的西北冰雪旅游大区，还有以点状分布超大规模的室内冰雪运动南方城市等。这些“面”状结构的冰雪区域由各类冰雪要素通过交通轴线联结，并以区内各个冰雪城市为主要客源市场，共同构成了点轴共进、纵横交错、集聚扩散的地域冰雪共同体。这些冰雪经济区域既丰富了国家冰雪经济空间结构的内涵，又体现了对地理区域及行政区域的突破，以协调共生的姿态引领区域冰雪经济融合发展。

1.2.5 可持续发展理论

可持续发展理论来源于人类社会对工业文明所带来的负面问题进行的反思。工业革命和技术革命给人类生产生活带来了翻天覆地的变化，但同时也带来了资源破坏、生态环境恶化等负面影响。日本在20世纪60年代爆发的四大公害事件为全世界敲响了警钟，社会发展和环境保护的关系问题成为人类必须要直面思考的课题。1980年，联合国环境规划署的《世界自然保护战略》正式提出了“可持续发展”的概念，《我们共同的未来》报告构建了可持续发展理论框架。简言之，可持续发展是既满足当代人的需求，又不对后代人满足其自身需求的能力构成危害的发展。早在1983年，中国已经把可持续发展战略定为国家基本战略，节约资源、保护环境已成为国家基本国策。进入新世纪，“新发展理念”已将“绿色”作为五大理念之一，包含了可持续发展思想的核心内容，为解决人类社会与自然和谐共处问题提供了科学的依据。

可持续发展理论也是冰雪经济融合发展的重要指导理论。冰雪资源的永续利用、后冬奥时代冰雪经济的发展、冰雪经济四季融合发展等等问题都离不开可持续发展理论的指引。冰雪经济效益与资源环境效益如何实现统一、协调、良性发展，是可持续发展理论必须要解决的重点问题。

1.3 冰雪经济要素流动与发展路径的逻辑关系

1.3.1 冰雪经济核心要素分析

冰雪经济核心要素的生成并非一蹴而就的，与国家政策驱动有紧密的关系。2014年10月，《加快发展体育产业促进体育消费的若干意见》成为推动中国冰雪产业进入高速发展阶段的政策起点。2016年底，国家密集出台了一系列促进冰雪产业发展的规划，围绕“北冰南展西扩东进”战略，已经形成冰雪产业的华北引领、东北提升、西北后发、带动南方的协同发展格局。受国家政策的驱动效应影响，冰雪体育和冰雪旅游率先发力，依靠冬奥“红利”和滑雪场建设，带动了京津冀和东北地区冰雪产业迅速升温，同时也促进了其他冰雪行业的崛起，成为冰雪产业发展的核心动能。2019年，随着冬奥会的日益临近和新发展理念的落实，国家系列政策强力推进，旨在补齐冰雪产业发展的短板，打造冰雪产业全产业链共同发展，推动冰雪产业向冰雪经济跃升，实现冰雪经济的跨越式发展。短短数年间，冰雪产业在国家政策推动下实现了全国普及。东北地区借助冰雪资源天然优势，滑雪场数量猛增，大型滑雪场如吉林的万科、北大湖、长白山滑雪场跃居全国前列，滑雪场配套设施不断完善；华北地区冬奥效应尽显，除了建设国家冬奥训练中心以外，还开发建设了万龙度假天堂、密苑云顶乐园、太舞滑雪小镇、崇礼四季小镇国际度假区等一系列大型滑雪度假区，有效带动了京津冀地区冰雪产业共同发展；西北地区后发优势明显，内蒙古的冰雪那达慕、新疆阿勒泰、兰州万达茂等正在积极创造富有特色的冰雪产业发展之路；东部沿海地区依托融创中国以及启迪集团等国内知名企业的投资带动，建设了一批超大型的冰雪文旅综合体，将冰雪运动和冰雪度假移入室内四季运营，彻底打破了冰雪运动“不进山海关”①的魔咒，助推了国家“南展西扩东进”战略的实现。

2016年，吉林省率先推出了以冰雪旅游、冰雪文化、冰雪体育为发展重点的冰雪产业“3+X”发展战略，在雪场建设和配套小镇建设方面成效显著，借助世界三大“粉雪”基地之一的优势，积极推动滑雪产业向高端化发展，努力打造完善的冰雪产业链体系。随着国家系列冰雪政策的出台，推动了冰雪经济系列要素的成长，其中，冰雪体育、冰雪旅游、冰雪文化、冰雪装备制造、冰雪教育培训逐渐成为冰雪经济核心产

① 2014年2月，习近平打破外交惯例，出席索契冬奥会开幕式。在索契，习近平对国际奥委会主席巴赫说：“在中国，冰雪运动不进山海关。如果冰雪项目能在关内推广，预计可以在两三亿人中带动更多人参与，由此点燃中国冰雪运动的火炬。”

业发展要素，冰雪经济“5+X”格局逐渐形成。由于冰雪资源是冰雪经济的发展基础和前提，具有无法替代的作用，因此，冰雪资源要素是不可或缺的，与其他的五大要素共同构成了冰雪经济六大核心要素。

1.3.2 核心要素之间的耦合机制

耦合的概念多用于物理学范畴，一般来说，耦合各方经过物质、能量、信息的交换而彼此约束和选择、协同和放大。[①]耦合的概念也被其他学科所使用，这里所谓的耦合是指冰雪经济各要素之间、各层面之间相互联系、相互影响、相互制约、共同促使冰雪经济同向发展的现象。

要素是构成并维持系统运动的必要的客观事物和最小单位，是系统发展和功能实现的动力源泉，在系统的运行过程中起基础性作用。[②]通过系统分析和对全国冰雪政策的梳理，识别出冰雪经济的核心要素，至少体现在冰雪资源、冰雪旅游、冰雪文化、冰雪体育、冰雪装备和冰雪教育六个方面。

冰雪经济作为一个系统，也和其他系统一样拥有自身运行的结构、机制和模式。一般来说，冰雪经济系统包含三个层面：由冰雪资源和冰雪消费群体构成的核心层；由酒店宾馆、冰雪商贸、冰雪交通、冰雪小镇等冰雪旅游企业等构成的服务层；由国家和地方政府、研究机构、教育机构以及其他关联产业构成的支撑层。这三个层面中主要包含三种耦合模式：以冰雪资源为基础的区域冰雪产业的空间耦合；以结点冰雪企业四季运营为特征的时间耦合；以冰雪产业内外部融合为目标的社会耦合。

1.3.2.1 以冰雪资源为基础的区域冰雪产业的空间耦合

冰雪产业的集聚和扩散是冰雪经济发展壮大的必经之路。产业集聚一方面能够有效补足短板、促进冰雪产业的协调发展，另一方面在为冰

---

① 韩新明.基于循环经济的旅游产业网络耦合机制研究[J].安徽农业科学，2009，37(19)：9186-9188.

② 王忠武.认识系统论[J].系统辩证学学报，1993(3)：11-16.

雪消费者提供更加完善服务的同时提高自身的收益，还能有效规避行业恶性竞争的态势。从这个意义上讲，组成冰雪产业的各个要素都不是孤立存在的，即一个核心产业要素的质量将会影响到其他产业的利益，进而影响到区域冰雪经济发展。因此，冰雪经济系统中区域冰雪产业的空间耦合就成为必然。

1.3.2.2　以结点冰雪企业四季运营为特征的时间耦合

冰雪产业的季节性特征是阻碍冰雪经济发展壮大的主要影响因素。冰雪企业“一季养三季”，最终会被四季运营所替代。在时间耦合的过程中，应理顺冰雪经济上下游的关系，根据需求方的要求进行供给侧结构性改革，对冰雪消费流量和组成进行调整，完成冰雪产业循环耦合链的构建。为实现时间耦合，还需要建立支撑冰雪经济系统运转的一体化生态体系，提高规模效益。

1.3.2.3　以冰雪产业内外部循环为目标的社会耦合

从宏观范畴来讲，冰雪经济系统是经济社会系统的重要组成部分，构建现代化经济体系，冰雪经济系统需要积极融入经济社会系统之中，为现代化经济体系提供强大的凝聚力、向心力和竞争力。由于信息技术的飞速发展改变了原有的社会组织方式和生活方式，同样也为冰雪经济带来发展机遇，大数据技术、AI、VR等信息技术赋能冰雪产业，推动了冰雪经济与社会融合发展的进程。与此同时，政府机构、环保部门、新闻媒体以及各相关部门之间形成一种有序的流动和联系，成为冰雪经济社会耦合的驱动要素。

1.3.3　核心要素的融合过程

冰雪经济核心要素的耦合发展逻辑起点是冰雪体育与冰雪旅游在开展过程中具有内在的逻辑适应性，冰雪旅游得益于冰雪体育由竞技化向大众化的转型。“三亿人参与冰雪运动”催生了大众冰雪运动的热潮，以滑雪为代表的大众化运动流开始向东北地区、华北地区以及西北地区集聚，这种集聚体现出区内扩散、区间流动和南方向北方的集聚典型特征。在这种集聚效应的带动下，滑雪场开始从单一的滑雪运动功能向提供多种功能的阶段转型，以满足不断涌入的参与冰雪运动的大众流需求，冰雪地产、冰雪小镇、地方民俗文化、冰雪装备、冰雪营销等产业应运而生。最终，冰雪旅游人数和消费成为衡量当地冰雪经济发展状况的主要依据。因此，冰雪体育与冰雪旅游存在着天然的耦合关系，随着南方发达地区纷纷建起超大型的室内四季冰雪运动场所，“南方不见雪”的窘境被彻底摆脱，冰雪运动得以在全国推广。

冰雪旅游的发轫以及高速发展的态势促进了冰雪文化、冰雪装备制造、冰雪教育培训等核心要素产业的崛起。这些核心要素产业可以看作地区经济社会发展的子系统，并且各个子系统之间存在着紧密的内在联系，这一结构正如波特提出的钻石模型，是冰雪经济系统核心竞争力的主要影响因素。冰雪经济的钻石模型包含着冰雪产业全链条，其中冰雪资源发展链条包含普惠冰雪的供给、公共冰雪场馆建设、冰雪体育服务综合体、冰雪活动项目开发、区域性冰雪联盟等要素；冰雪文化发展链条主要包括冰雪人文文化、冰雪历史文化、冰雪非遗文化等要素；冰雪体育发展链条包括冰雪竞技体育、冰雪群众体育和冰雪体育产业等要素；冰雪旅游发展链条包含冰雪观光、冰雪度假、冰雪节事、冰雪营销等要素；冰雪装备制造发展链条包含冰雪运动器材装备、防护用具、设施设备、客运索道等冰雪用品和服装鞋帽等要素；冰雪教育培训发展链条包含冰雪竞技人才、冰雪技能培训人才、冰雪管理人才、冰雪赛事运营人才等要素。与此同时，冰雪经济核心要素之间也存在相互补充、协调发展的可行性。比如冰雪旅游与冰雪文化的结合、冰雪体育与冰雪教育的结合，促进了子系统之间的互补与融合，并最终形成一个稳定的发展结构，使冰雪经济能够成为稳定的共生系统。

第2章　冰雪经济发展现状与瓶颈

冰雪产业或冰雪经济的发展同其他产业活动一样，不是完全孤立存在的，面临复杂的政策和市场环境影响。冰雪产业体系或经济结构的组成要素也必然受到影响，只有相互协调，才能高质量发展。因此，分析冰雪经济各要素的发展现状及其存在的短板，就成为研究冰雪经济融合发展的必要条件。

2.1　冰雪经济发展现状

2015年，北京成功获得2022年冬奥会承办权。此后，“白色经济”迅速崛起，市场需求不断燃旺，冰雪经济逐渐成为新的经济增长点。随着中国滑雪场数量的急剧扩张，滑雪产业驶入快车道，大众滑雪人次逐年上升，仅2019年，滑雪人次就高达2000万人，市场规模接近900亿元。滑雪热度的暴涨推动了冰雪旅游产业渐入佳境，使之成为大部分北方城市经济发展的新动能、冬季旅游发展的新风向。当冰雪成为资源、寒冷成为优势，冰雪经济的潜能开始不断被挖掘、释放和提升，对于大部分北方城市而言，丰富的冰雪资源促进了冰雪旅游的快速发展和冰雪产业优势的形成，也为城市拓宽旅游产业、促进经济转型奠定了重要基础，并以此带动周边相关产业，形成工业制造业、餐饮服务业、交通运输业以及零售业等多行业协同发展的局面。[①]在国家积极推进“南展西扩东

① 王洋. 基于熵权——耦合的冰雪经济与城市劳动力供需协调度研究［J］. 统计与决策，2020，36（02）：85-88.

进”战略的过程中，冰雪运动逐渐在全国范围内展开。除了东北地区以外，冰雪旅游产业在内蒙古、青海、湖南、四川、上海、深圳等地也都取得了一定的发展，有效打破了时间与空间限制，现已成为都市休闲旅游产业不可或缺的一部分。据网易中国纪录消息显示，在2017—2018年的冰雪季，中国冰雪旅游人数达到1.97亿人次，收入高达3000多亿。2019年初，全国室内外滑雪场规模已从2017年的703家增至742家，2020年初已达到770家，截至2021年，雪场数量已超过800家。与发达强国滑雪传统优势相比较，中国的滑雪场数量短时间内增长较快，参与滑雪运动的人次也急剧增加，滑雪培训、滑雪赛事产业也正逐步形成规模。但据《中国冰雪产业发展研究报告2019》分析，处于冰雪产业核心层的竞赛表演、运动培训、装备制造等方面的价值创造能力相对较弱，使得拉动消费者消费的主驱动力仍为处于冰雪产业相关层的冰雪旅游。整体来看，各业态的供给不够均衡，业态之间不能够协调发展，冰雪产业处在一个发展的瓶颈期。虽然中国已经成为全球增长最快、规模最大的冰雪初级市场，特别是东北地区具有独特的地理位置和气候条件，冰雪经济发展具有天然优势，但随着中国冰雪产业规模在逐步扩大的同时，也在诸多领域产生了不同程度的问题，如冰雪资源供给侧结构孱弱、设施设备简陋、配套服务和安全保障有待提升，严重影响了冰雪消费者的体验质量。基于此，本课题围绕冰雪经济“六大核心要素”（冰雪资源、冰雪旅游、冰雪文化、冰雪体育、冰雪装备技术和冰雪教育培训），在分析中国冰雪经济发展现状的基础上，对冰雪经济发展瓶颈进行深入分析，以期全面了解并掌握全国冰雪经济发展的现实状况，为冰雪经济的发展提供策略支撑与指导。

2.1.1 冰雪资源

根据《中国资源科学百科全书》释义，冰雪是气温在0℃以下形成的固态水，表现为地球表面的积冰和积雪，其存在状态具有明显的季节性。作为资源，冰雪资源是指这些积雪和积冰为人类直接利用或开发利用的客观存在形态，如冰和雪融化后成了地球上重要的淡水资源。本研究所指冰雪资源是指一个国家或区域在一定时间内拥有的可用以创造物质财富和精神财富的具有一定量的积累的冰和雪，也包括人类创造活动形成的人造冰和雪、仿真冰和雪以及各类场馆等设施。

中国幅员辽阔，气候多样，拥有世界级冰雪资源优势，主要分布于东北高寒地区和西部高山冰川积累区，尤其是以东北三省为代表的北方地区集中了全国最优质的冰雪资源，具有极强的地域性特征，也是冰雪产业发展的重点区域。在“三亿人参与冰雪运动”热潮的推动下，依托冰雪资源，发展冰雪旅游和冰雪体育产业有着极其有利的气候条件和广袤的前景。全国稳定季节冰雪覆盖面积高达420万平方千米，主要分布在东北、华北以及西北的青藏高原区和新疆北部、西部，这些地区冰雪旅游产业的快速发展在很大程度上依赖于当地的冰雪气候资源。对冰雪产业发展来说，虽然冰雪资源是促进冰雪产业升级冰雪经济的重要保障，但对于冰雪资源开发还存在许多客观限制条件，比如气候、地形、气温、风力大小、雪期长短等。关于气候方面，雪季长短、积雪深度、干雪保留时间、温度和风力都是形成冰雪资源的必要条件，其中积雪深度是最主要的限制条件。处于东部地区的长白山，通常情况下每年9月上旬开始降雪，到第二年的4月末或者5月，全年雪期长达7到8个月。据相关统计数据分析，长白山脉年均降雪量在300～700毫米之间，积雪天数年均在250天以上，积雪深度可达1～2米。其中，著名的长白山天池多年平均积雪期长达284天，即从9月上旬开始降雪直至第二年6月中旬，为东北地区积雪期最长的地方。冬日里的长白山，白雪皑皑，形成了壮观的林海雪原，长白山高原冰雪运动训练基地深藏于海拔高度1640～1820米的峰峦之中，是为数不多的集滑冰、滑雪训练和体育旅游于一体的综合性基地。国内像长白山这样围绕冰雪气候资源、开发冰雪旅游的省份及地区有许多，比如新疆阿勒泰地区、黑龙江的哈尔滨地区、辽宁棋盘山地区、北京龙庆峡地区以及云南的玉龙雪山地区等。但最为有名还是大长白山（长白山脉，包含长白山、延吉、敦化、吉林地区）区域。因其地处世界黄金冰雪纬度带，“粉雪”“静风”独具特色，有最美的雪花，有品质最好的雪场，是全国最合理也是最具商业价值的冰雪经济区。该区域拥有万科松花湖、吉林北大湖、万达长白山三大滑雪度假区，雪道面积超过1000公顷，占全国雪道总面积的20%，居全国之首。除此之外，还有数量居全国第二的架空索道，其中脱挂式高速架空索道达19条，为全国最多。由于拥有气候资源优势和先进设备，在2019年至2020年雪季，吸引游客112.53万人次，约占比全国总接待量的45%，万科松花湖、吉林北大湖以及万达长白山已经蝉联三年全国三甲。另外，吉林北山四季越野滑雪场虽然不在“三甲”之列，但其独特的四季雪资源供给使其成为亚洲首座全天候标准化国家训练基地。据有关研究和规划，2021年敦化与长白山之间高铁开通、2024年北京与长白山之间也开通高铁，将极大地推动大长白山区域冰雪经济高质量发展，成为冰雪资源最具发展潜力的区域。

从滑雪场区域分布来看，至2020年初，全国滑雪场主要集中分布在东北区域（207座）、华北区域（190座）、西北区域（144座）、华东区域（113座）和中南部区域（华中、西南和华南累计118座），也是滑雪人口集中分布的主要区域。北方地区由于气候以及地理上的优势，滑雪运动的市场开发相对完善，具有较强吸引相关冰雪资源的能力。室内滑雪馆2018年共有26家，相比前一年增加了5家，市场容量不断扩大，截至2020年底，国内室内滑雪馆的数量已达36家，展现出巨大的发展潜力；南方地区虽然受限于自然气候条件，但随着高新技术的应用推广，通过建设城市大空间室内滑雪场来满足众多滑雪爱好者的需求，已经成为现实，如绍兴乔波冰雪世界滑雪馆，以大型室内滑雪馆、真冰溜冰场为主，是一家集四季滑雪、溜冰、旅游和会议、餐饮、度假、娱乐为一体的综合性四季冰雪运动休闲场所。室内滑雪场提供综合服务的同时，由于交通便利、商业配套完善、不受时间及天气的限制，冰雪产业的市场开发及对相关产业的正向影响潜力依然巨大。

2.1.2 冰雪旅游

冰雪旅游是以冰雪资源为主要旅游活动载体，亲历冰雪场地、体验冰雪运动休闲、文化娱乐和度假观光等所有旅游活动的总称，是极具冰雪活动参与性、体验性和刺激性的大众旅游产品。作为一种产业形态，冰雪旅游也包含了“吃、住、行、游、购、娱”等基本要素，通过丰富多彩的活动形式展现其文化内涵。

中国拥有丰富的冰雪资源条件和有利的地域优势，多年来已形成诸多独具特色的冰雪旅游产业特征。[①]同时，许多冰雪旅游城市举办的冰雪活动，比如“哈尔滨国际冰雪节”“中国吉林国际雾凇冰雪节”及“吉林冰雪产业博览会”（雪博会）吸引了大量国内外游客。除此之外，为了大力发展冰雪旅游，还将滑雪、滑冰等体育运动同旅游产业深度融合，以增强其竞争力、时尚性。2017—2019年中国冰雪旅游人数及增长走势如图2-1所示。

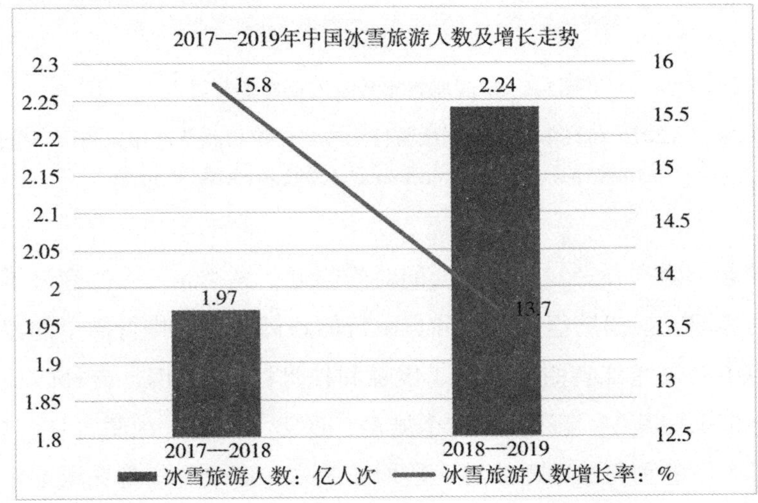

图2-1　2017—2019年中国冰雪旅游人数及增长走势

资料来源：《2020—2026年中国冰雪旅游行业市场分析预测及市场盈利预测报告》
https://www.chyxx.com/research/202001/828452.html

① 王伯金.振兴东北老工业基地对吉林省冰雪体育旅游发展的影响[J].商场现代化，2009(07)：229.

目前，冰雪旅游主要形成了以冰雪资源为依托，结合当地特色冰雪文化的发展模式，具体形式还是多以冰雪观光，滑雪度假的体验式旅游为主。冰雪旅游作为冬季旅游主要形式，已成为冰雪经济的核心产业，其收入在2018年就达到3860亿，同比增长近20%，在旅游人次上同比增长了约14个百分点。2018年冰雪旅游人均消费与国内人均旅游消费相比，接近2倍，由此不难看出中国冰雪旅游增长态势强劲。中国冰雪旅游收入及增长走势如图2-2所示。

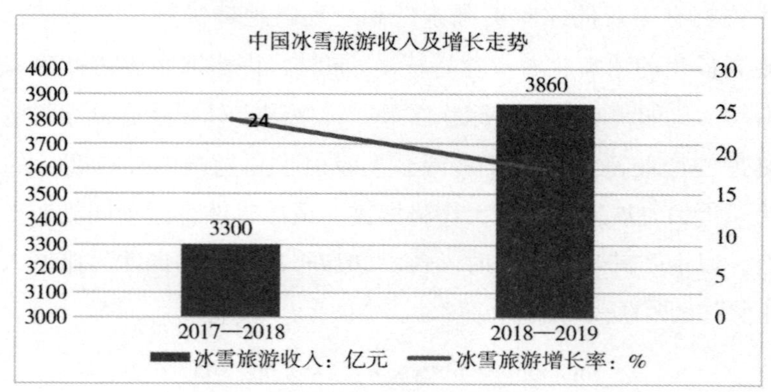

图2-2　中国冰雪旅游收入及增长走势

资料来源：《2020-2026年中国冰雪旅游行业市场分析预测及市场盈利预测报告》https://www.chyxx.com/research/202001/828452.html

随着中国举办2022年冬奥会的时间临近，冬季冰雪旅游迎来了前所未有的热潮。根据携程跟团游和自由行的预订数据，排行前十的冰雪旅游城市中有黑龙江省的哈尔滨、伊春和牡丹江3个城市，吉林的长春市和吉林市也在其中，新疆也有2个城市，辽宁、河北、内蒙古各有1个城市。其中新疆和河北冰雪旅游人数增长最多，而东北三省在原本发展基础良好的状态下也达到了年均百分之十五的增长率，内蒙古、浙江等地也实现了百分之十的平稳增长。可见冰雪旅游已经成为大众休闲度假的生活方式，日益受到青睐。有专家预测，到2025年末，将有超过五亿人次加入冰雪旅游行列，为旅游产业创收近1.2万亿。在冬季旅游中，冰雪旅游也将成为游客的主要消费方式。

表2-1　2020年中国冰雪旅游十强市（区）名单

排名	城市
1	哈尔滨市（黑龙江省）
2	长春市（吉林省）
3	张家口市（河北省）
4	沈阳市（辽宁省）
5	乌鲁木齐市（新疆维吾尔自治区）
6	吉林市（吉林省）
7	呼伦贝尔市（内蒙古自治区）
8	牡丹江市（黑龙江省）
9	阿勒泰地区（新疆维吾尔自治区）
10	伊春市（黑龙江省）

资料来源：《2020—2026年中国冰雪旅游行业市场分析预测及市场盈利预测报告》https://www.chyxx.com/research/202001/828452.html

2.1.3　冰雪文化

文化是人类社会的精神活动与其所创造的物质财富总和，也是一种传承，具有引领和指导作用的冰雪文化产业对冰雪产业的发展至关重要。[①]冰雪文化是指生活在以冰雪为基础的环境中的人们以其独特的方式进行学习和生活，所产生的一种与冰雪符号相关的生活方式，这种环境也体现在物质、精神和制度三个方面。简单地说，这种特殊的文化就是以冰雪相关产业为主要生活来源的人们为了谋求生存和发展，利用冰雪资源取得收益，从而形成的带有冰雪符号的一种特殊生活方式、环境氛围，吸引越来越多的人来观光、休闲和体验，其核心是冰雪直接带给人们的内心感受和灵魂升华。所以，谈到“文化”，就不得不涉及环境

① 何文义，郭彬，张锐.新时代中国冰雪产业本质及发展路径研究［J］.北京体育大学学报，2020，43（01）：29-38.

因素，独特的地理环境是某种文化形成和发展的根本，其特殊性使文化得以长期存在、传承并为传播提供了保证。辅以独具特色的建筑环境设施、乡土人文载体，以及符合实际的营商政策保障条件，独特的冰雪文化逐渐形成。冰雪文化既是旅游经济的关键元素，更是冰雪旅游产业的核心，其内涵的艺术载体能够向游客展现当地特色，避免雷同化，使游客享受不同的文化体验。冰雪文化与北方地区民众的生活习惯、生产方式、娱乐方式等息息相关，以冰雪为载体的文化深受北方民众的喜爱，已成为北方地区特有的冬季旅游项目。如查干湖冬捕渔猎文化节，以传统的冬捕文化为核心，延续和再现查干湖冬捕的古老习俗。如今，查干湖冬捕已经被列入国家级非物质文化遗产名录。

自然环境、地质环境和气候环境优渥，使得东北地区冰雪资源丰富，传统冰雪文化氛围也最为浓厚。由于冬季时间长，东北地区居民生活的方方面面也与冰雪紧密相连，如雪地爬犁等许多广泛流传的冰雪娱乐项目都是由传统冰雪文化演变而来的。东北地区不同于南方一些新兴冰雪旅游城市，经济发展虽比不上南方发达地区，但是具有传统冰雪文化优势。比如著名的雪乡，现在当地居民还保留着传统的民族风貌和生活习俗；再如狗拉雪橇、冰上钓鱼等冰雪项目，以及东北豪爽乐观的文艺项目——东北大秧歌等文娱活动，这是南方的新兴冰雪旅游城市所不具有的。除此之外，得天独厚的冰雪环境还造就了独特的冰雪景观，如冰雕、雪雕和雾凇等；优渥的冰雪生态环境塑造了浓厚的特色冰雪文化，打造了许多独特的冰雪旅游产品，如冰雪大世界、冰灯游园会、国际冰雕展以及冰雪文化民俗村等。东北地区是冰雪文化产业重点发展区域，每年还会定期举办独特的国际级和国家级冰雪旅游庆典活动，其中颇具代表性的是黑龙江国际滑雪节、哈尔滨国际冰雪节和长春瓦萨国际滑雪节等，吸引许多国内外游客前来游玩、休闲体验。此外，青海、内蒙古、新疆、黑龙江、吉林、辽宁、北京、河北等地借助政府出台的有关优惠政策，极大地推进了冰雪文化旅游路线多元化发展，如温泉旅游、生态旅游、红色旅游、乡村旅游、民俗旅游等，使大众在旅游过程中切身感受并深入了解冰雪文化的精神内涵。

表2-2　东北三省每年举行冬季旅游文化节庆统计表

名称	主办单位	举办时间（每年）	区域
中国黑龙江国际滑雪节	文化和旅游部、黑龙江省人民政府、哈尔滨市人民政府	12月12日	国际
中国沈阳国际冰雪节	沈阳市人民政府、辽宁省旅游局	1月	国际
中国佳木斯国际泼雪节	佳木斯市人民政府	12月	国际
吉林雪博会	文化和旅游部、吉林省人民政府	12月	国际
长春冰雪旅游节暨净月潭瓦萨国际滑雪节	长春市人民政府、吉林省旅游局	12月-2月	国际
中国漠河黑龙江源头冰雪汽车越野拉力赛	中国汽车联合会	3月	国内
中国齐齐哈尔关东文化旅游节	中国旅游协会、黑龙江省旅游局、齐齐哈尔市人民政府	12月	国内
黑龙江中国雪乡旅游节	黑龙江省旅游局、黑龙江省森工总局	12月25日	国内
鞍山冰雪温泉旅游节	鞍山市旅游局	1-2月	国内

资料来源：邰峰，周雅，郑宏伟.中国冰雪文化产业发展现状问题与路径探寻［J］. 山东体育学院学报，2020，36（03）：33-40.

2.1.4　冰雪体育

由冰雪产业、体育产业相结合而形成的冰雪体育产业，其主要以部分地区的冬季冰雪资源为依托进而开展和普及的竞技类、大众类体育活动项目，吸引大量消费者进行旅游消费以及体育运动爱好者来此开展体育赛事、进行体育交流等，最终实现冰雪体育产业的快速发展，一般也讲大众类冰雪运动归为冰雪旅游。美国体育产业最为发达，据统计，2012年美国体育总产值超过4350亿美元，其中，三分之一的体育市场份额为体育产业，占据当年国内生产总值的2.7%，位于国民经济各行业排名第六。[1]其他国家，如英国、德国、瑞士、日本、法国和加拿大等国家的冰雪体育产业以冰雪文化为支撑，冰雪运动休闲旅游、世界级冰雪运动赛事作为平台，通过多个领域（如贸易、资源、服务和文化等）的区域合作，形成了相关产业链和体系。与此同时，有些国家的冰雪体育产业已成为支柱产业，在其社会经济发展的过程中起着重要的作用。与上述冰雪体育产业相对发达的国家相比，中国的冰雪体育产业起步晚、建设与发展相对滞后，而且受资源、市场因素的作用影响，冰雪产业发展主要聚焦于有着丰富冰雪资源的北方地区。具体而言，中国大致有700多所滑雪场分布在黑龙江、辽宁、吉林以及北京、河北等地，除黑龙江的亚布力、吉林万达长白山和万科松花湖与北大湖、北京崇礼等知名的滑雪场外，其他大部分滑雪场所具备的基础设施相对落后、规范性较低，消费者主要是当地冰雪运动和冰雪旅游爱好者，使得相关产业与区域合作开发不能较好地融合发展。本研究的冰雪体育不仅包含了冰雪竞技体育与其相关的各类运动，而且也包括大众冰雪休闲运动及各类比赛活动，所以也有冰雪运动之意。

随着“全民健身”的热情高涨，传统的体育项目已经满足不了体育产业的发展，但依托得天独厚的冰雪资源，冰雪体育恰恰能在一定程度上弥补体育发展的空缺和不足。通过比较发现，举办冰雪赛事可以带动冰雪体育产业发展。这种赛事大致可以分为两类，即培养专业运动人才的竞技类赛事和以扩大冰雪人群培养群众基数的大众娱乐类赛事，大众娱乐赛事参与度高，而竞技类赛事关注度高。《白皮书》数据显示，全国举办的冰雪竞技类赛事从2013年的39场增加到了2019年的75场，将近翻了一番。冰雪赛事数量保持稳定增长，相应的收视率和转播收入也同比增加。在冰雪运动普及度提高的同时，冰雪赛事的举办数量日渐趋高、内涵丰富，体系也越加完善。中国冰雪赛事项目数量走势如图2-3所示。

---

① 刘春萍.未来我国冰雪体育产业布局与发展对策研究［J］. 吉林广播电视大学学报，2020（10）：135-136.

图2-3　中国冰雪赛事项目数量

资料来源：前瞻产业研究院

各类冰雪体育赛事的举办，必须建设有足够规模的场馆等基础设施，对经济发展具有明显的拉动作用。为确保2022年北京冬奥会的冰雪项目比赛场地建设，北京–张家口地区全力打造具备承接大型国际化赛事的冰雪项目场馆，积极建设与竞技体育相关联的配套保障设施（住宿、餐饮、医疗等）。2022年冬奥会期间，张家口赛区共设置8个场馆，将承办51个冬奥冰雪项目的比赛。崇礼太子城冰雪小镇是冬奥会张家口赛区的核心区，总占地面积2.89平方千米，总建设规模134万平方米，投资总额预计140亿元。张家口市的崇礼区还是国内大型滑雪聚集区，共有7家大型雪场，拥有雪道共169条、总长162千米。此外，东北地区作为冰上运动项目发展基地，建有大量运动型冰上项目场所，为中国培养冰上项目后备人才奠定了重要基础，促进了国家竞技滑冰运动稳健发展和大众冰雪赛事的蓬勃发展。2018—2019年度全国冰雪赛事包含冰壶、自由式滑雪、单板滑雪、高山滑雪、越野滑雪、跳台滑雪、北欧两项、冬季两项、雪车、短道速滑、速度滑冰、花样滑冰、冰球等13个冰雪项目，其中成人赛事44项，青少年赛事31项，赛事场馆遍布北京、河北、黑龙江、吉林、内蒙古、新疆、山东、上海等省区市。目前最具价值的冰雪赛事IP包括："云顶杯"国际滑雪大赛、中国精英滑雪联赛、“新浪”高山滑雪公开赛、“雪山之王”中国四季滑雪巡回赛、“沸雪”北京国际雪联单板滑雪大跳台等。大众冰雪运动包含：冰上之星中国巡演、鸟巢欢乐冰雪季、河北崇礼国际滑雪节、新疆阿勒泰冰雪游暨人类滑雪起源地纪念日等等。除此之外，还将举办国际雪联自由式滑雪及单板滑雪U型场地世界杯、中国滑雪公开赛等。中国冰雪赛事规模如图2-4所示。

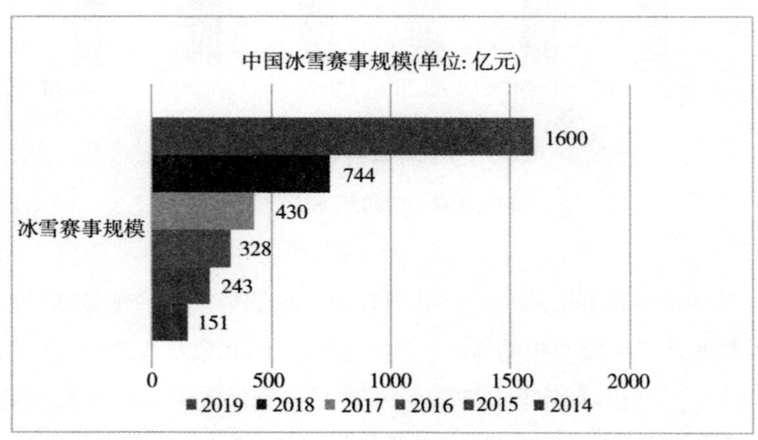

图2-4　中国冰雪赛事规模

资料来源：前瞻产业研究院

2.1.5　冰雪装备科技

冰雪装备制造产业是冰雪经济发展的重要支撑力量，“三亿人参与冰雪运动”引领冰雪运动和冰雪旅游较快发展的同时，也为冰雪装备的生产和供给提供了巨大的增长空间。《中国冰雪旅游发展报告（2017年）》指出，在2016—2017年冰雪季，全国冰雪旅游的市场规模已扩大至1.7亿人次。根据该报告，到2021—2022年冰雪季时，中国冰雪旅游人数将达3.4亿人次，有可能超额完成“三亿人上冰雪”的运动目标。随着冰雪运动参与程度的大幅增加，冰雪产业发展要充分考虑到冰雪运动装备的制造与市场供应等问题，不仅是专业运动员的冰雪设备，而且还要更多考虑到普通民众的装备需求。[①]通常来讲，开展冰雪运动所需的装备、器材等可以分为三大类：第一类是使用最多、应用最广的滑雪、滑冰类器材，具体包括雪橇、滑雪杖、滑雪板、冰刀鞋以及冰球类相关器材等；第二类是冰雪运动场地建设与维护、设备保养以及人员输送等一系列配套设施，如索道、造雪机、平雪机、压雪机和冰场维护设备等；第三类是大众冰雪游乐型运动产品，如雪地卡丁车、雪地及冰场自行车等。当然，冰雪服装也是必不可少的冰雪装备，称为“轻装备”。

冰雪运动装备的生产、销售是冰雪产业发展的硬件基础和保障，其在冰雪产业链中一直占据上游位置，使制造公司声誉与收益俱佳。[②]纵观全球冰雪装备制造产业，欧美日等一些发达国家处于领先地位，由于他们冰雪产业开发较早，产业体系也相对完善，在冰雪装备制造上也早已具备先进的制造技术和极高的生产水平。许多国际知名冰雪运动装备品牌都集中于美国、法国、意大利、挪威、芬兰等国，这些国家的装备，在产品质量、性能以及舒适度和耐用度方面大多优于他国产品，因此备受各国冰雪运动员及广大消费者的青睐。同时，冰雪相关产业得益于这些优势产业而崛起和发展，使这些国家能够在国际冰雪装备市场上取得超高的经济收益。

个人装备、雪场装备都属于冰雪装备。其中，个人装备包括滑雪镜、滑雪杖、滑雪板、滑雪的鞋子以及服装等相关装备；雪场装备具体包括造雪机、压雪机和索道等。当前，国内冰雪装备发展较快的是个人装备，以护具产品（滑雪服、滑雪镜等）生产为主。但对冰雪装备行业的发展现状而言，国内品牌在技术、成本和后期维护等方面与国际顶级生产商间的差距较大。从短期发展来看，个人装备制造水平的发展空间相对较大，尤其是当前中国初级滑雪者较多，大部分人是以租赁方式获取个人装备，个人装备自备率不高。随着中国冰雪体育运动需求端的普

---

① 黄磊，林显鹏.从滑冰产业现状看中国冰雪产业发展潜力研究［J］.湖北社会科学，2019（10）：78-83.

② 朱馥萍.冰雪经济对黑龙江省区域经济的影响［J］.商业经济，2008（03）：11-12+110.

及和消费升级，滑雪者对冰雪装备的要求也会逐步升级，个人装备自备率将会大幅度提升。在未来几年，越来越多的企业将会进入这个行业，在激烈的竞争中，个人装备的制造水平将会得到提升。而对于雪场大型特殊设备而言，品牌多数以国外为主，特别是压雪机与造雪机，如具有较高全球市场占有率的美国SMI、法国AST公司，国内部分机械类企业也在积极地开展相关研发与生产业务，转型进入冰雪产业市场，已生产出一些高端产品，如索道、压雪机等。根据相关数据，在2017年，国内滑雪场造雪机总量约为6600台，其中15%的造雪机是国产品牌。近年来，国内也涌现出一些优秀企业能够将部分雪场装备产品出口到国外，例如卡宾滑雪、滑雪手套制造商建华中兴、河南晋安机械、北京波马嘉仕其等著名滑雪行业公司。另外，随着冰雪产业市场规模的扩大，东北冰雪资源优势区域以国家级碳纤维产业基地为依托，启动冰雪装备制造产业园建设项目，如吉林冰雪装备产业园、辽源金刚冰雪运动小镇产业园等园区。同时，加强国际交流合作，建立冰雪装备产业创新联盟。此外，为适应冰雪产业的需求，建立了多个产业应用技术研究院（如特种纤维和复合材料再生等技术），开展碳纤维应用研发中心项目建设，与知名企业深入合作，共同开发冰雪装备系列产品，例如保暖服装、户外及冬季运动服饰等。

2.1.6 冰雪教育培训

冰雪教育培训是围绕冰雪资源如何开发利用展开的专业教育和人才培训形式，可以是学校的教育，也可以是培训机构的专业化教学活动。专业的冰雪人才是发展冰雪经济的重要保障，大众冰雪旅游和冰雪运动爱好者也需要普及运动技能知识，因此必须重视冰雪教育。[①]在冰雪教育方面，《发展规划》明确指出要落实校园冰雪计划。以此为指南，各类学校特别是中小学校开始有序推进冰雪运动进校园活动，校园冰雪教

① 张春雷，王庆然.新常态下中国冰雪产业发展的应对策略［J］.中国学校体育（高等教育），2017，4（01）：1-5.

育和培训如火如荼地开展起来。未来五年，校园冰雪运动特色学校按照5万所的建设目标正逐年落实，为保证全国约300万户的家庭能够参与进来奠定了基础。有统计分析，如果按此计划推行十年，约有1000万户家庭成为冰雪特色学校教育的受益者。目前，中国的冰雪培训市场的主力军为各大滑雪场或冰场，而其他类型的培训主要为以媒体平台为主的视频学习类型。主要的培训学校有：奥林匹克滑雪学院、魔法滑雪学院、GOSKI滑雪学院、长城岭滑雪学院等。

冰雪培训是培养初学者到滑雪爱好者的重要环节。调查显示，接受过培训的18岁以下的青少年仅有38%，而青少年的参与对冰雪产业的发展有着深远的影响。调查结果发现：超过70%的消费者愿意接受冰雪运动培训，而这部分人群在选择培训机构时，主要考虑的参考条件是培训资质和专业程度，培训价格反而成了较少考虑要素。《白皮书》针对中国冰雪运动培训意愿开展调查，愿意聘请教练的达75%。

在中国冰雪体育业内，因冰雪旅游项目受季节限制，所以从业人员难以维持职业稳定，专业水平往往不高。尽管有不少退役运动员在各雪场担任服务人员或导滑员，但更多的是社会招募人员，与退役运动员相比，社会招募人员的专业素养就相对较低。冰雪运动经营场所为了快速收回投资、获得经济效益，部分社会招募人员经过短暂的岗前培训就成为导滑员，由于培训时间较短，培训的专业性还有待考察，致使大多数人无法真正胜任雪上技术教学工作，所以缺乏专业的服务人才，不仅制约着服务体系的高质量发展，还影响学习者的滑雪体验。同时，滑雪是一项对安全性要求较高的运动，不规范的技术教学有可能导致安全事故，对滑雪者的身心健康造成严重影响，更不利于滑雪运动的推广。从中国冰雪运动培训情况来看，青少年的培训是重点，市场发展潜力较大，但建立完善的行业培训体系及规范市场行为同样需要重视，这方面还有很大差距。当前，中国接受冰雪运动培训人群年龄分布为13～25岁占75%、25岁以上占16%、6～12岁仅占9%。

近年来，冰雪产业大省纷纷出台政策，大力开展冰雪教育和培训。

以吉林省为例，《关于以2022年北京冬奥会为契机大力发展冰雪运动和冰雪经济的实施意见》制定了四个方面的教育培训内容，一是充分开发专业机构的优势，比如加大吉林北大湖、万科松花湖和长白山国际滑雪场专业培训力度；二是立足当地高校，增设冰雪相关新型专业，培养冰雪产业相关的专业人才；三是吸引有实战经验的优秀冰雪运动员，退役后加入冰雪运动的教学指导人才队伍；四是调动民间专业人才和社会资本兴办培训机构、社团和非营利性组织，全省已累计建立了超千个冰雪运动社会团体或组织。实践表明，这一措施的效果正在显现。

2.2 冰雪经济面临的瓶颈

冰雪经济的迅猛发展得益于冬奥会的成功申办，以及冰雪产业发展的举国体制推动，同时也会遇到诸多困难。既有冰雪经济自身固有的发展局限，也有外部环境带来的制约。从冰雪经济自身发展来看，支撑冰雪经济快速发展的主要驱动力来自雪场冰场的建设运营，而雪场冰场建设恰恰也成了冰雪经济发展的瓶颈问题，因为冰场雪场建设、运营、维护等资金投入巨大，短期内难以收回。滑雪场的建设大部分选址在山地、丘陵地带，不仅需要配套的道路交通设施，还需要索道和缆车等机电设备，其价格也十分昂贵，而且设备多为国外引进，维修成本较高；从外部环境来看，中国东北地区的雪季一般为11月中旬到3月下旬，滑雪场的运营时间一般为4个月到5个月，所以会造成旺季拥挤不堪，淡季惨淡经营的状况。下文将聚焦冰雪经济的六大核心要素，具体分析冰雪经济发展面临的瓶颈问题。

2.2.1 冰雪资源开发程度不足

随着冰雪产业链的延伸和拓展，冰雪资源开发类型单一、开发程度差的弊端开始显现出来。从整体来看，中国冰雪资源开发还处于粗放型开发阶段。冰雪资源优势开发方面存在重雪资源开发轻冰资源开发、重竞技比赛场馆建设轻社区大众化、普及化冰上设施建设等问题。由于冰雪产业发展受季节性因素影响，加大了冰雪资源的开发难度。有资料分析表明，冰雪自然资源在中国占比较大（接近三分之一），值得注意的是，这些冰雪资源真正得到开发的比例仍然较小。依据公开资料整理，全国滑雪场建设情况如下图，2000年以前滑雪场数量偏少，还不到50个，小高峰出现后经历缓慢的增加、增速陡降的过程；直至2015年，北京成功获得申办2022年冬奥会资格，极大地促进了冰雪资源的开发，滑雪场数量增加、增速加快，但总体趋势依然平稳缓慢，后冬奥时期增幅不会有大的变化。

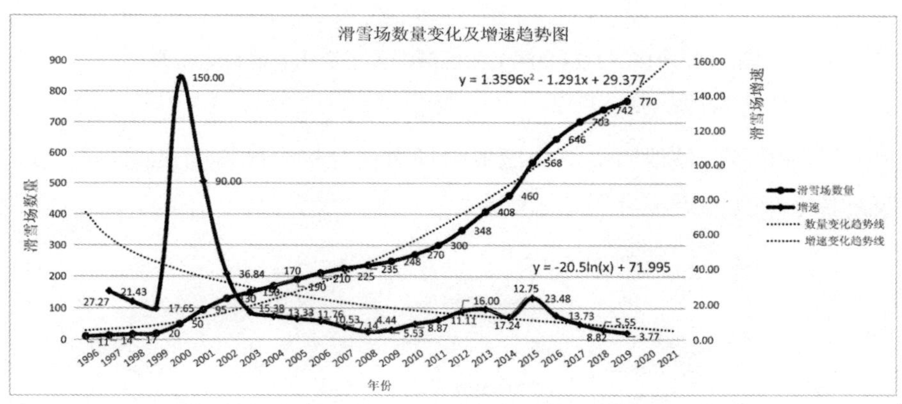

图2-5　1996—2021年全国滑雪场数量、增幅变化趋势

东北三省、河北省、新疆、内蒙古等地均有着较长的冰雪期（120天至150天），拥有丰富的冰雪资源，为冰雪运动的开展提供了重要的资源支撑，但经济价值还没有真正显现出来，主要原因是受投资和装备制造技术限制，东北三省的冰雪资源开发程度仍然不高，冰雪产业未得到长足发展；全国七个滑雪区雪场数量变化如下图2-6：近800座滑雪场主要分布在东北、华北和西北三个区域。其中东北三省滑雪场数量最多，增幅缓慢；华北地区承接2022冬奥会任务，滑雪场数量和增幅变化较大、趋势看好；西北地区增幅明显，但趋势与华东、华中和西南相似；华南地区数量和增幅较低，具有较好的室内滑雪场的建设发展空间。

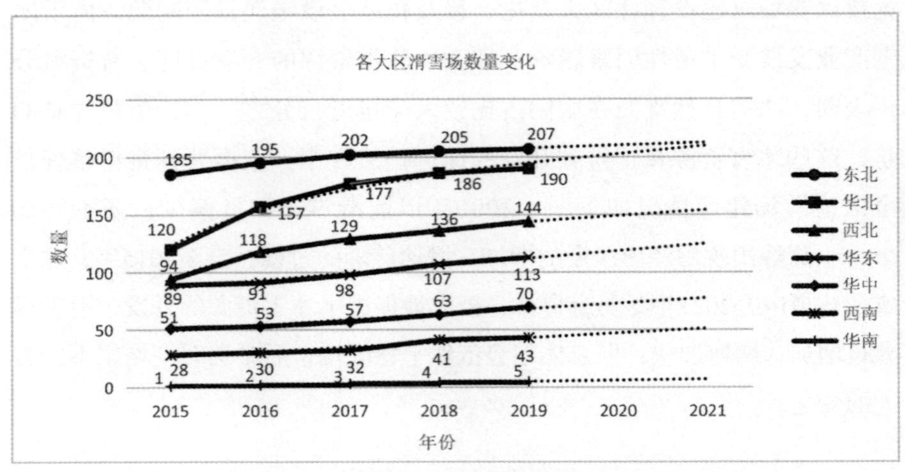

图2-6　2015—2021全国七大区域滑雪场变化与趋势比较图

下图的各区域滑雪场与全国滑雪场占比分析，同样明显说明上述问题及其变化趋势。

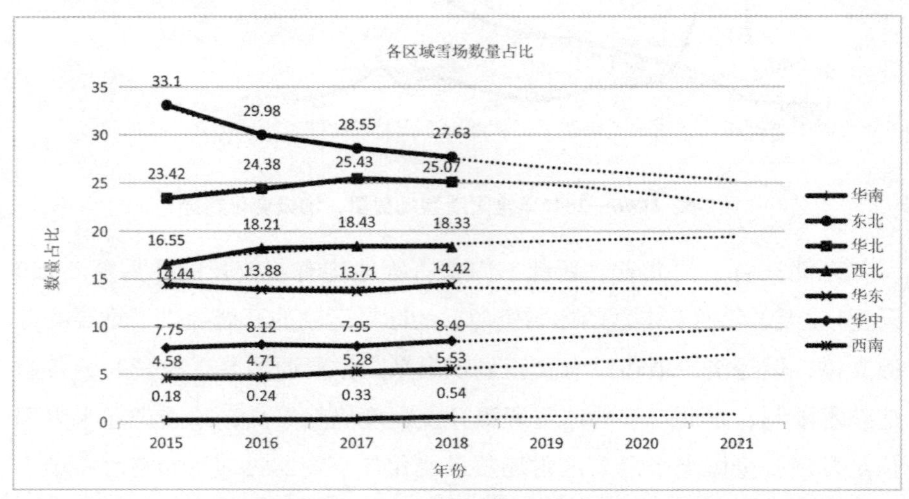

图2-7　2015—2021各区域滑雪场与全国滑雪场占比分析及变化趋势比较图

另一方面，由于缺乏对乡村冰雪资源开发的认知，使得乡村冰雪开发没有得到相应的重视。大多数冰雪产业发达省份缺乏这方面的规划，使得城市冰雪资源开发一枝独秀，并未与乡村冰雪资源形成互联互动的布局，造成中心强大边缘薄弱的局面，难以调动和发挥城乡各方的积极性。除此之外，冰雪资源开发力度不足，也使得冰雪运动、冰雪旅游等项目难以得到快速发展，制约了冰雪项目的普及。受2022年冬奥会契机的拉动，参与冰雪运动与冰雪旅游项目的人越来越多，亟待充分提升冰雪资源利用率。所以，冰雪资源优势开发仍然潜力巨大。在开发冰雪资源的同时，与冰雪资源相关的配套设施以及冰雪项目品牌等均需要同步予以完善，为冰雪产业发展提供全方位的支撑。在此过程中，各地区也应不断结合自身特色，积极开发符合地方特色的冰雪资源，并注重学习国内外相关经验，以提升冰雪资源开发程度和冰雪资源利用率，助力中国冰雪产业快速发展。

2.2.2 冰雪产业与旅游产业融合度低

近年来，随着国民收入的提升，人们旅游消费能力增强，旅游消费方式和组织形式都在发生显著变化，加之国家政策扶持有效推动了冰雪产业与旅游产业的发展进程，冰雪旅游也取得了较快发展。但是，冰雪产业与旅游产业融合度仍然很低。首先，中国2019年冰雪旅游人次为2.24亿人次，仅占全年国内旅游人数的3.7%，即便抛开季节性因素，也可以得出冰雪旅游人口基数较小的结论。存在这一问题的主要原因是消费成本高、宣传推广差、服务设施缺。冰雪旅游主要的消费人群是80后、90后，而冰雪旅游人均消费高达1734元，是国内旅游人均消费的1.87倍，成本较高，大众化进程相对较慢；由于缺乏对冰雪运动和冰雪旅游消费的有效推广，潜在客户的挖掘还不够充分；许多冰雪旅游地公共服务设施不完善，使得冰雪旅游体验感较差，消费者黏性不高。另外，冰雪旅游淡旺季差别明显，据有关数据统计，北方一些冰雪城市每到第四季度TPI指数大幅增长，比如哈尔滨市、吉林市等城市涨幅高达50%，与前三季度形成鲜明对比。因此，必须探索建立合理的冰雪企业非雪季运营方式，有效解决冰雪经济季节性的困境。图2-8说明了全国

2014—2019年滑雪场数量、人次和人数发展变化及未来的变化趋势。可以看出，随着滑雪场数量的增加，滑雪人数与人次也在正向增加，增加幅度不显著，说明冰雪旅游产业的发展活力还不足。

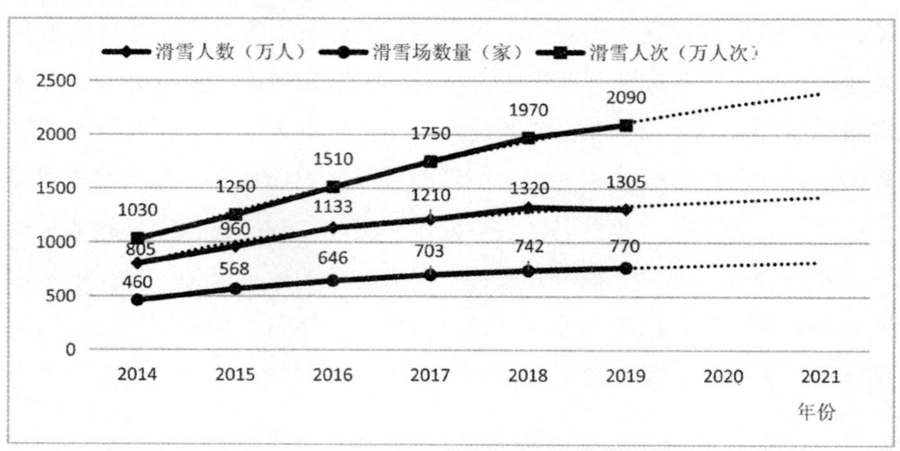

图2-8　全国2014—2019年滑雪场数量、人次和人数发展变化与趋势比较

《发展规划》明确指出，坚持协调互动、融合发展的原则，推动冰雪运动与旅游等其他相关产业深度融合发展。随着冰雪体育项目的兴起，冰雪旅游发展向好，冰雪旅游景区的客流量逐年上升，但在游客量激增的同时，在经营管理方面存在的问题也越来越多，阻碍了冰雪产业和旅游产业的有效融合。如滑雪场收入相对单一、游客选择的消费项目不够丰富、经营管理松散等，导致冰雪体育娱乐场所出现设施闲置、资源浪费的情况，使冰雪体育旅游业在市场竞争力上稍显薄弱，系统化发展难度增大。冰雪旅游资源以冰雪为主，由于资源的限制，以及管理、开发、品牌效应等方面存在一定的短缺，使得许多区域冰雪旅游产品相对单一。除此之外，冰雪旅游产品同质化严重，产品品牌开发意识薄弱，旅游二次消费意愿度低。一方面许多旅游企业对于冰雪旅游产业的认识不够明确，忽视冰雪旅游资源在产业链两端的高附加值作用，为消费者提供的旅游纪念系列产品类型单一，娱乐与购物环节缺乏标准化、规范化的管理，导致消费者购物欲较低，使冰雪旅游资源产品在市场上处于竞争劣势；另一方面，部分冰雪旅游消费者较少关注冰雪旅游产品，不利于冰雪旅游产品的有效开发和质量提升，使得资源优势不能有效转化为经济优势。冰雪产业与旅游等相关产业间的融合不足，使得整个体系难以发挥其潜力，运营时有困难、效益不能显现；与旅游产业相比，冰雪产业发展节奏相对缓慢，无法满足消费者需求，阻碍与冰雪旅游进一步融合。由此可见，冰雪产业与旅游产业融合，以冰雪旅游为媒介，搭建复合型产业，是挖掘冰雪资源、推动冰雪产业发展的关键。

2.2.3 冰雪文化内涵挖掘不足

冰雪文化作为一种具有冰雪符号的生活方式，它既是冰雪活动的底蕴，也是推动冰雪活动可持续发展的不竭动力。冰雪文化产生于旅游文化，同时以冰雪文化旅游为媒介传播。虽然冰雪旅游产业具有较强的群众基础，但冰雪文化产业的发展尚处于初级阶段，冰雪文化内涵的形成还受到许多因素的影响，主要有：一是地域经济发展水平，其是当地招商引资和发展旅游等产业的重要支撑，同时是决定地域文化建设和开发水平的关键因素。冰雪文化活动发展水平的高低以及发展的结构和类型等离不开一定财力上的支持，否则，发挥好冰雪文化的优势、挖掘地域文化资源、从广度和深度上推进冰雪文化的进步，是难以实现的。近年来，由于东北地区整体经济发展缓慢，对冰雪文化事业在财政方面投入有限。冰雪雕塑，冰雪大世界等耗资较少的冰雪园林文化活动形式大多以现代冰雪文化形式展现，借鉴现有著名旅游景点的标志性文化样式，未能结合本土优势，没有较好地展现出具有地域特征的冰雪文化、冰景和雪源等。由于在冰雪文化内涵方面的匮乏、冰雪知识与科学内容的欠缺、冰雪文化内容与当地人民群众价值观的结合度低等原因影响，没有形成独立的、具有竞争力和受众人数多的冰雪文化活动项目，因而对游客的吸引力大打折扣；二是公众文化素养，其是决定着冰雪文化结构、冰雪文化活动内容的重要因素，直接影响到文化的发展和消费等重要方面。实践证明：在人群密集活动区，丰富的冰雪文化展示和宣传更有助于快速融入参与者的认知与生活，更好地拓展冰雪文化内容和建设冰雪文化事业；三是社会价值观念，其是文化在社会发展进程中凝结升华的多种价值原则的统一，其生成和发展也是随着社会的发展与进步而动态变迁，同时伴随着文化演进，对文化活动的各个方面产生重要影响。现阶段，大部分民众对原有传统冰雪文化的认知还停留在冰雪体验阶段，高参与度、多参与形式的冰雪文化活动捉襟见肘，冰雪文化内涵逐渐淡化的问题被忽视。各大冰雪赛事对冰雪文化魅力的宣传力度欠缺，导致部分冰雪活动影响和传播范围有限，无法成规模、由点到面地发挥出冰雪文化宣传作用，往往出现热度过去后大众就失去参与兴趣的问题；四是人类艺术创新活动，其是冰雪文化的载体，如各类人才的冰雪艺术、冰雪景观创造活动等。调查发现，冰雪文化旅游衍生品存在严重的同质化现象，文化内涵属性不突出，这与相关专业人员对冰雪文化内涵的发掘不够有关，由此导致各大冰雪旅游景区以传统的印有冰雪图案或景区特色图案的明信片、挂件、抱枕等物品作为主要产品进行销售，部分衍生品由于冰雪文化元素设计内涵不足、实用和创意性不强、审美性较差等不具有显著的识别性，因此市场购买力较低，导致冰雪文化衍生品市场无法实现良性发展，冰雪文化产业发展后劲不足。

总体来看，尽管中国冰雪产业已经取得一定的进展，但起步还是落后欧洲近百年。欧洲冰雪文化底蕴浓厚，且冰雪运动在全民中具有较高的普及率，而中国冰雪产品区域特色不突出，冰雪运动在省内居民中的普及率较低，难以形成浓厚的冰雪文化氛围。尽管作为冰雪产业金字招牌的吉林雪博会以及哈尔滨冰雪大世界，为中国冰雪经济做出了重要的贡献，但从历年举办情况来看，冰雪产业大都充斥着浓厚的异域文化，如邀请国外冰雪雕刻家创造作品等，缺少原汁原味的本土文化，使冰雪产业的文化底蕴没有得到有效发掘，且冰雕艺术品等还没有与游客产生深度的情感共鸣。对于消费者而言，对冰雪产品的旅游消费过程，不仅仅是为了观看冰雪美景，更是为了透过当地的冰雪文化产品，深入感受独具特色的文化魅力。此外，大众参与度较低、投资风险较高、季节性较强和高科技发展快等因素也影响着冰雪旅游文化企业的发展，不利于冰雪文化的培育。

2.2.4 冰雪体育产业发展缓慢

随着全民健身运动的开展，冰雪体育产业逐渐扩大，冰雪运动的大众关注度越来越高。特别是我国成功申办2022年冬季奥运会，人们对冰雪体育事业更加关注，愿意去了解冰雪体育运动，有条件的还会去参与冰雪体育运动。但是经过实际调查分析发现，冰雪体育事业依然进展缓慢。一方面，相应的体育赛事体系不够成熟，冰雪体育人才短缺，不仅影响冰雪体育产业的进步，而且关乎冰雪运动发展的整体水平。研究还发现，一些高校对冰雪体育人才培养不够重视，培养理念脱离了冰雪市场的需求，冰雪体育器材非常紧缺，专业体育教师和高质量后备人才数量薄弱，培养体系不健全；另一方面，群众体育是推动冰雪产业发展的基础性条件。虽有“百万青少年上冰雪”“三亿人上冰雪”的政策推动，但大规模地发展群众性冰雪体育运动，实现冰雪体育运动的普及化仍有阻碍。首先，目前冰雪体育运动主要以滑雪滑冰活动为主，开展此类运动需要服装、设备、交通、餐饮等额外消费，经过对社会不同阶层的冰雪体育运动情况分析，中、高产阶层较低产阶层而言，参与度明显增高。不言而喻，高成本的冰雪活动使低收入阶层很难参与进来。其次，滑雪滑冰等项目相比较篮球、足球、乒乓球来说不仅成本较高而且难度较大。对于青少年和大学生这些年轻人群来说，他们有激情、有热情，是冰雪活动的主力军，而中老年群体多是陪玩，其中出于好奇敢于尝试的所占比例也较小。此外冰雪体育运动专业性较强，具有风险性。专业的思想引导、动作指导的缺乏以及安全措施不完善都会阻碍冰雪运动的大众化。此外，群众冰雪体育场地多依赖于天然的冰场雪场，但受客观因素的影响，部分地区的基础设施不能满足群众的需求，群众对于冰雪运动的参与程度较低。如何拓展普适化的冰雪体育运动形式也是亟须解决的一个难题。

2.2.5 冰雪装备技术落后

目前，随着冰雪经济规模的扩大，滑雪装备的需求市场在不断增大，中国滑雪装备还存在产品结构单一、性价比低、品牌竞争力弱等问题，关键在于冰雪装备技术落后。由于冰雪装备制造业起步较晚，多数企业在加入该产业之初选择以代加工或中外合作的方式谋求与国外知名品牌间的合作，核心技术由国外企业把握，国内企业只能赚取较少的利润，部分企业通过现有简单产品的升级实现技术自主，但高端装备领域仍不具备自主研发和产品转型升级能力。中国冰雪装备制造企业目前主要集中于滑雪服、滑雪手套等技术含量较低的滑雪保护性装备生产上，对于国产滑雪鞋、滑雪板等技术含量较高的装备，其产品质量与国外同类型产品相比，还存在较大差距。美国和欧洲掌控着冰雪装备核心技术，许多设备还需在国外进行购买，不利于冰雪经济的快速发展。现阶段，中国冰雪装备制造产业尚处于发展阶段，以低端滑雪产品生产为主，生产技术水平与发达国家相比差距较大，目前国内冰雪装备中高端市场被国外品牌占据，由于国外滑雪装备企业以高端产品为支点逐步向国内中、低端市场进军，对于缺乏核心技术的冰雪装备制造企业造成了很大的冲击。开展冬季运动项目存在一定的难度，在人员服装、体育器材和建设场地方面，都需要很多的资金投入，而高昂的设备引进和技术研发成本一直制约着产业发展。制作专业滑雪板、滑雪杖等专业生产中，高端冰雪装备的工厂较少，也是冰雪产业链上的一个缺失之处。

从整体上看，中国自有冰雪体育器材用品因技术含量较低，生产和市场交易规模还有限。由于滑雪是一项对安全性要求较高的运动，对冰雪装备用品的要求在安全性、防护性、舒适性以及保暖性等方面有着严格的标准，且冰雪赛事的运动员对冰雪装备用品的标准要求更高，选用的冰雪装备用品多为冰雪运动发达国家（如芬兰、加拿大、美国等）的知名品牌。这些知名品牌产品能够批量生产，规模较大，在中国市场上也占有一席之地。国内多数企业为贴牌生产，利润来源也以代工费为主，难以打造知名的冰雪装备用品品牌，企业规模较小。在冰雪装备产品质量的衡量标准方面，国外知名冰雪运动装备企业的产品都有着严格的质量标准，在中国市场销售的产品大多符合欧盟标准，国家虽然出台了《滑雪运动装备使用要求》（GB/T31169-2014）等一些相关文件，但国内冰雪装备品牌未形成统一的行业技术标准和产品规范，与国外产品竞争也会出现自身质量参差不齐、售价混乱等问题，低质产品充斥市场，严重损害了国内品牌的形象，使得消费者转而选择国外产品。因此，中国在冰雪装备制造产业上亟须专业的研发人才，加大研发力度，以便提升冰雪装备用品的技术含量，打造冰雪装备用品知名品牌。

2.2.6 冰雪教育培训缺位

欧美发达国家拥有先进的冰雪教育培训经验，如有众多高山滑雪教练和高质量的培训方案，中国的冰雪运动培训市场还有待深入挖掘。一方面，滑雪场中受过高质量、专业滑雪教育的教练人员不足，已有的教练人员需要继续提高专业水平和职业素养。值得注意的是，尚有一些滑雪场还未配置教练人员，存在安全隐患，影响滑雪人员的体验，最后渐渐失去滑雪市场，影响了滑雪产业的高质量健康发展；另一方面，国家目前还没有一套完整的滑雪教练员资格认证制度和教学体系，虽设置了双板的社会滑雪指导员资格证书，但没有单板滑雪等级证书。滑雪培训是一个劳动密集型行业，雪季到来时每个雪场都需要储备大量的教练员，虽然很多大型雪场具有专业资质的教练人数在增加，但由于国内滑雪初学者的爆发式增长，很多雪场的教练依然供不应求。一般来说，雪场的经营周期3到4个月，全职教练不多，季节性失业严重，还缺乏冰雪产业人才生成、保护的长效机制，人才流失严重。此外，已有的从业人员较少为本科或硕士毕业生，普遍都是相关专业的专科生、中专或是初高中生。

除体育院校外，开设冰雪类专业的普通高校较少，冰雪教育方面存在薄弱环节。一方面，院校对于冰雪专业的认识受专业类别限制，对冰雪雕塑类、冰雪运动类、冰雪表演类、冰雪旅游类以及冰雪驾驶类等专业人才培养不够规范，缺少对应的专业标准参考；另一方面，多数院校的专业课程教学重点不突出，过于关注冰雪相关理论或者冰雪实践，存在冰雪实践与冰雪理论相分离的现象，影响院校冰雪专业人才的培养。此外，冰雪运动项目的专业性要求较高，冰雪运动场所的导滑员及雪场经营管理、冰雪硬件设施的使用与维修都需要专业的知识技能，大众普及也有困难。另外，中国的冰雪培训市场处于起步阶段，课程设置、授课方式、师资队伍等规范性不足，也制约着冰雪教育培训体系的建立。

第3章　冰雪经济“三北”融合发展

区域协作的目的是建立互联、互通、互动，集中优势资源，做大做强冰雪产业。目前，世界范围内来看，冰雪运动的第一大板块是以欧洲阿尔卑斯山脉为主的地区，第二板块是以美国中西部的科罗拉多州为主的地区。中国受“冬奥效应”的激励，正举全国之力发展冰雪产业，相信不远的将来，必会成为世界冰雪运动的“第三极”。虽然中国冰雪产业发展迅猛，但冰雪产业发展的同质化竞争和主题雷同现象屡见不鲜，尤其是滑雪市场同质化严重，冰雪产品依然比较单一、缺乏创意。北方多省结合冰雪经济要素发展实际，纷纷打造冰雪产业链，呈现出同质化竞争态势，可能形成对冰雪经济健康发展的瓶颈制约。随着冰雪运动“南展西扩东进”战略的逐步推进，东北地区如何发挥冰雪资源先发优势，结合华北地区冬奥会契机的政策后发优势，协调西北地区新兴冰雪旅游增长优势，建设“三北一体化”冰雪发展格局，共同促进冰雪经济发展是目前亟待解决的问题。本文以东北、华北、西北三区冰雪经济共融发展为研究目标，围绕冰雪资源、冰雪旅游、冰雪文化、冰雪体育、冰雪装备制造、冰雪教育培训六大冰雪经济核心要素，探索冰雪经济“三北”融合的实现路径。

3.1　冰雪经济“三区”联动发展的必要性

3.1.1　冰雪经济辐射地域广泛

随着“冬奥效应”的逐渐显现，加之中国经济持续增长带来的消费升级，各地冰雪经济迎来了跨越式发展的黄金机遇期。近年来，国家及地方政府（30个左右：以冰雪运动、冰雪产业、冰雪旅游为主题词）相继出台多项政策支持冰雪产业发展，以大数据和5G为代表的新技术不断应用于冰雪领域，多方民营资本竞相涌入，带动了全国冰雪产业迅速发展壮大。以2018—2019冰雪季重点地区冰雪旅游人数增长为例：新疆、河北等地的冰雪休闲旅游人数实现30%左右高速增长，形成“两高”（高速增长）的增长态势；黑龙江、吉林、辽宁等地的冰雪运动休闲和旅游人数实现年均15%左右的快速增长，呈现“三快”（快速增长）的增长态势；内蒙古、青海、贵州、湖北、浙江、北京等地实现年均10%左右的平稳增长，维持“N平”（平稳增长）的增长态势。除此以外，西藏、宁夏的冰雪项目也开始启动，成为冰雪经济的新兴目的地。

3.1.2　冰雪经济产业类型丰富，产业链长

冰雪经济不仅仅指冰雪旅游和冰雪运动，而是包含从第一产业到第三产业的全产业经济形态。从第一产业的寒地农（牧）产品种（养）殖业，到第二产业的冰雪装备制造业，再到第三产业的冰雪休闲旅游、冰雪运动康体、冰雪文化观光等。以吉林省为例，为推动冰雪经济跃升，全面、持续不断地扩大冰雪产业的规模、提升质量，推出了全面推进冰雪产业十大工程，[①]即冰雪产业十大工程，即冰雪体育基础工程、冰雪旅游壮大工程、冰雪文化引领工程、冰雪品牌营销工程、冰雪装备制造突破工程、冰雪商贸繁荣工程、冰雪交通运输保障工程、“智慧冰雪”建设工程、冰雪人才培训工程、政策支持与组织保障工程，逐步探索全产业链发展的冰雪经济振兴路径。在产业融合的同时也形成新的产业类型，如冰雪影视与冰雪动画、冰雪节庆与冰雪会展、冰雪研学与素质拓展等新兴产业类型。冰雪经济的产业形态已为社会提供大量不同类型、不同层次的就业岗位，对于保证民生工作具有重要意义。

---

① 《冰雪意见》实施三周年 吉林冰雪产业多点开花，新华网［EB/OL］.（2019-11-30）http：//www.jl.xinhuanet. com/2019-11/30/c_1125291531.htm.

3.1.3 冰雪经济市场空间大

在“冰天雪地也是金山银山”理念指引下，全国单个冰雪季冰雪旅游人数首次超过2亿人次，冰雪旅游大众化时代已经来临，冰雪经济规模初显。统计资料①显示，2018—2019冰雪季，全国冰雪旅游人数为2.24亿人次，冰雪旅游收入约为3860亿元，分别比2017—2018冰雪季增长13.7%、17.1%，冰雪旅游呈现年均两位数的快速增长，说明冰雪市场十分活跃、消费需求旺盛。但人均消费还不足2000元人民币，说明冰雪市场需求尚未得到完全满足，潜在的发展动能还有待挖掘。随着“冬奥效应”的持续发酵和“三亿人参加冰雪运动”的热潮涌动，举国体制的优势正进一步扩大冰雪旅游消费，冰雪旅游已成为老百姓时尚的生活方式。按照中国旅游研究院预计，到“十四五”规划末期，全国冰雪休闲人数将超过5亿人次，冰雪旅游收入超过1万亿元。冰雪经济将形成全国普及的趋势，冰雪休闲、冰雪运动、冰雪旅游将成为三大“引擎”引领冰雪经济发展。

3.1.4 应对常态化疫情的客观要求

在中国的北方，每年的雪季大约从11月份开始，到次年的3、4月份，约有5个月左右的黄金经营期。但在2020年，翘首期盼的雪场营业黄金时期被突如其来的新型冠状病毒疫情无情地阻断了，全国各大雪场陆续关闭，滑雪产业成为受新冠疫情冲击的重灾区。据中国旅游研究院发布的《中国冰雪旅游发展报告2020》，受此次疫情的影响，整个旅游市场至少下降50%以上，2019—2020雪季的冰雪旅游份额损失超千亿。疫情的爆发为中国冰雪经济发展提出了新的课题，政策支持只能短期缓解企业的危机，而不能从根本上解决问题，长远来看，自我进化、“抱团”发展才是冲破困境的有效路径。因此，实现“三北”冰雪经济一体

① 《中国冰雪旅游发展报告2020》发布，中国经济网［EB/OL］.（2020-01-10）http://www.ce.cn/culture/gd/202001/10/t20200110_34090804.shtml.

化发展有助于缓解常态化疫情影响，在突发的灾难面前可以从容应对。

3.2 冰雪经济“三北”融合发展的基础

受自然地理条件以及气候差别的影响，中国冰雪经济的发展并不均衡。比较分析国内七大区域（华北、华东、华南、华中、西南、东北、西北）冰雪经济发展情况，东北、华北和西北区域冰雪经济发展始终位居全国前三甲。研究三大区域冰雪经济特征以及在融合发展中的战略地位，为“三区”融合发展提供有效的现实路径是本研究的重要内容。由于冰雪经济涉及面比较广，体量也较大，不可能面面俱到，但对冰雪经济内部关键要素产业的分析则可以反映某个地区冰雪经济整体发展状况。因此，本研究将集中分析冰雪资源、冰雪旅游、冰雪文化、冰雪体育、冰雪装备制造、冰雪教育六大关键要素，以期归纳出某一区域冰雪经济整体特征。2018年，国家开展管理体制机制改革，文化和旅游在制度层面开始融合，实现了你中有我、我中有你的局面。出于分析的方便，以下内容将冰雪文化与冰雪旅游结合到一起进行研究。

3.2.1 东北地区

东北地区指黑龙江、吉林和辽宁三省以及内蒙古东部三市一盟构成的区域，气候特点是自南向北跨中温带与寒温带，属温带季风气候，四季分明，夏季温热多雨，冬季寒冷干燥，这一气候特点决定了冰雪经济带有明显季节性特征。

3.2.1.1 东北地区冰雪经济特征分析

（1）冰雪资源

东北三省冬季寒冷而漫长，降雪量大，积雪期长，冰雪资源十分丰富。黑龙江省以亚伯力为代表的滑雪区域是国内较早开展冰雪运动的地方，由于气候相对寒冷，一定程度上影响了大众冰雪运动的蓬勃发展。辽宁省气候偏暖，存雪期相对较短，加之平原地形较多，冰雪经济主要以冰雪文化挖掘为主。相较于黑龙江省和辽宁省，吉林省的冰雪资源更富有特色。吉林省的地理位置被称为"冰雪黄金带"，是世界三大粉雪带之一，拥有35个各种规模的滑雪胜地和150条雪道，在全国排名第五，质量排名第一。长春、吉林两市和长白山区域冰雪资源开发潜力大，已经形成都市冰雪体育休闲、冰雪生态度假相结合的冰雪产业聚集格局，影响开始显现。此外，东部的冰雪体验之旅，西部的渔猎文化之旅以及南部的康体养生之旅更加成熟。

（2）冰雪文旅

东北地区冰雪文旅的典型特征是各具特色，有序发展。吉林省文化旅游产业半壁江山集中于吉林市和长白山地区，其中滑雪、雾凇、温泉是其主要特征，旅游业收入主要来源于滑雪产业。除此之外，西部的查干湖冬捕渔猎文化节以及长春市的瓦萨国际滑雪节也是极富地域特色的冰雪节庆活动。"西冰东雪"格局已经形成，冰雪文化产业挖掘空间大，文化和旅游的融合正走向深入；黑龙江省冰雪旅游和文化产业是以哈尔滨为轴心，辐射带动周边地区共同发展。多年发展实践证明，哈尔滨冰雪大世界已经成为世界品牌，冰雪城市节庆体系初步形成；辽宁省以"冰雪+"为特征，积极谋划冰雪产业布局，以满族民俗主题带动、促进地区冰雪经济均衡发展。如举办"盛京冰嬉节"活动，将满族国俗冰嬉文化充分融入冰雪文化，促进了文化与旅游的结合；内蒙古东四盟包括赤峰市、通辽市、呼伦贝尔市和兴安盟，冰雪经济以冰雪旅游为主要特征，通过举办特色主题冰雪旅游节打造冰雪旅游品牌和精品线路。特别是赤峰市依托"十四冬"这一"国字号"名片，举全市之力建设冰雪旅游公共服务设施、开发冰雪旅游产品、提高冰雪旅游服务水平。

（3）冰雪体育

冰雪体育产业的迅猛发展得益于2022北京冬奥会契机和"带动三亿人参加冰雪运动"目标。东北各省都在积极推动冰雪体育的专业化和大众化，区别在于各省的发展水平和层次上。在竞技体育方面，东北三省依然保持着冰雪体育大省的优势，是冬奥会专业运动员输出的主要省份；内蒙古东四盟冰雪竞技体育相对是弱项，正在努力通过承办冬季赛事提高冰雪竞技水平。在大众体育方面，推进冰雪运动普及已经成为常态，吉林省以冰雪体育为基础，形成全省联动、覆盖城乡的全民参与冰雪运动图景；黑龙江省是传统冰雪体育大省，创新发展冰雪体教融合和体旅融合，效果显现；辽宁省以系列赛事推进全民冰雪运动，不断改善滑雪场建设短板；内蒙古东四盟积极打造冰雪健身休闲，发展有民族特色的冰雪体育运动项目和冰雪趣味项目，以此作为特色冰雪体育品牌吸引更多的投资和消费。

（4）冰雪装备制造

东北地区长期以来被称为老工业基地，具备雄厚的制造业基础，但冰雪装备制造业起步较晚，各省纷纷建设冰雪装备制造产业园区，国产冰雪装备蓄势待发。其中，黑龙江省冰雪装备制造业起步相对较早，黑龙冰刀、乾卯雪龙滑雪鞋、鸿基索道、长城造雪机和飞龙滑雪板等一批冰雪装备品牌企业相继发展起来，以冰刀、滑雪板、造雪机、滑雪场索道为代表的冰雪场地设备和冰雪运动器材制造体系基本形成，运动服装制作也有了较好的开展，但总体规模相对小、知名品牌少、核心技术滞后。相比于冰雪资源，冰雪运动、冰雪旅游等业态的快速发展，东北地区的冰雪装备制造业和全国的冰雪装备器材产业一样，尚处于起步发展阶段，还没有与进口品牌产品抗衡的装备制造企业和品牌。面临的突出问题是核心技术研发攻坚没有形成合力、冰雪装备制造和测试技术标准体系不完善、冰雪装备企业规模较小且产业体系不健全等，可与国外先进的冰雪装备企业合作，尽快缩短冰雪装备制造产业从弱到强，再到规模化、国际化的发展过程。河北张家口冰雪装备制造产业走出了一条合作引进、吸收创新、国内推广再出口的创新之路，值得借鉴。东北与华北的“抱团”发展，对国家冰雪装备制造产业体系的形成将会有极大的促进作用。

（5）冰雪教育培训

冰雪产业的发展壮大离不开冰雪教育培训，而中国目前冰雪人才短缺已经成为冰雪产业发展的瓶颈。随着大众滑雪上冰的普及与推广，从教练员到赛事运营管理人才、从冰雪装备制造技师到学校师资力量都存在着明显供给不足。因此，积极推进冰雪教育产业的发展刻不容缓。东北地区积极推动冰雪教育产业向正规化、制度化发展，从专业人才培养、大众化普及、教练员培训以及制度建设等方面加速冰雪教育产业不断升级。吉林省将校园冰雪运动纳入省教育事业发展规划，先后成立了3个冰雪学院，从人才培养、产业研究和国际交流等方面提升冰雪教育产业；黑龙江省将冰雪项目纳入中招考试，开启了体教融合的新途径，科研助力和冬奥人才培养已成为黑龙江省冰雪教育的特色；辽宁省冰雪教育的重心放在师资力量的培养和制度建设方面，内蒙古东四盟通过引入知名冰雪教学资源完善校园冰雪教育活动，都取得了良好效果。

3.2.1.2　东北地区在冰雪经济融合发展中的战略地位

（1）得天独厚的冰雪资源

自2022冬奥会申办成功以来，中国冰雪产业开始遍地开花，东北地区因为独特的地理位置优势，加之冰雪资源丰富，冰雪产业发展迅猛。根据调查，2020年人气最高的冰雪旅游目的地城市前十名依次是哈尔滨市（黑龙江省）、长春市（吉林省）、张家口市（河北省）、沈阳市（辽宁省）、乌鲁木齐市（新疆维吾尔自治区）、吉林市（吉林省）、呼伦贝尔市（内蒙古自治区）、牡丹江市（黑龙江省）、阿勒泰地区（新疆维吾尔自治区）、伊春市（黑龙江省），其中东北地区上榜7个，占绝对优势，在全国冰雪经济发展中处于领头羊的地位。东北地区也是中国冰雪文化的发源地和中国现代冰雪产业的肇兴之地，其开发历史、发展规模，都处于全国领先地位。

（2）政府的大力推动

冰雪经济的发展离不开政府的大力推动和政策支持。为了更好地推动冰雪产业发展，国家和各省区相继出台一系列利好政策，推动了冰雪经济向更高质量发展。以吉林省为例，2016年9月，出台了全国首个专门发展冰雪产业的政策《关于做大做强冰雪产业的实施意见》。为了能使政策顺利“落地”，政府专门成立了组织保障机构，并将旅游业和冰雪产业纳入各地区和各部门的绩效考核指标体系。吉林省还与黑龙江省、辽宁省密切合作，破除地方行政界限，联合开发冰雪旅游精品。进入2021年，为加快构建新发展格局，吉林省与国家体育总局、一汽集团签署战略合作协议，打造升级版的“部省合作”和“部企合作”，携手共同推动大众参与冰雪旅游、冰雪运动工作。

（3）东北振兴的新动能

东北振兴是国家战略。长期以来，东北地区的产业结构以装备制造业和工业品、农产品生产为主，区域经济发展缺少新兴产业尤其是消费品工业的支撑，导致经济增长乏力，而冰雪经济作为东北新一轮振兴发展的绿色生态产业，有着广阔的发展空间。东北地区三个省的冰雪自然条件和资源相似，可以作为一个整体，发展冰雪经济已经成为东北振兴的新动能。如果东北地区能够实现战略协同、融合发展，在避免冰雪产业同质化竞争的同时，强化特色冰雪项目建设，加快促进区域间的基础设施互联互通，提升冰雪旅游接待能力和服务水平，挖掘地域文化，携手共同打造中国冰雪经济高地，那么东北地区一定能够实现经济赶超，在高质量发展变革中能够像凤凰涅槃一样浴火重生。

（4）高水平对外开放战略需要

东北地区毗邻俄罗斯、朝鲜、韩国、日本和蒙古，在东北亚区域处于几何中心地位，战略位置十分突出。以发展冰雪经济为纽带，建立国际间的互联互通，搭建冰雪产业交往平台，扩大国际间的对话交流，不仅能够有利于边境地区的稳定，还能积极促进东北地区对外开放，打开中国北部地区与世界交往的新通道。

3.2.2 华北地区

华北地区地理范围包括北京市、天津市、河北省、山西省、内蒙古中部（呼和浩特市、包头市、乌兰察布市）、河南省、山东省，处于“暖温带半湿润大陆性气候”，四季分明，光照充足；冬季寒冷干燥且较长，夏季高温降水相对较多，春秋季较短。相对于东北地区而言，华北地区并不具有东北雪厚且天寒地冻的极端效果，属于冷不透又不暖和的天气，但由于是北京-张家口冬奥会的举办地，华北地区冰雪经济后发优势非常明显。

3.2.2.1 华北地区冰雪经济特征分析

（1）冰雪资源

北京、河北以及内蒙古中部地区发展冰雪产业的区位优势明显，紧邻京津冀首都经济圈，经济发达、人口众多、交通便利，同时该地区冰雪资源丰富，也是2022年冬奥会的举办城市，成为游客们向往的奥运旅游胜地。北京拥有发展冰雪运动的地理气候条件，三面环山，背靠张家口、承德地区，山区冬季气候寒冷，适合开发建设滑雪场等冬季运动场所。作为冬奥会主会场的延庆区和河北崇礼区，冬季气温低，降雪量大，雪期较长，具有丰富的冰雪运动资源和发展冰雪旅游的优越条件。张家口和承德地区凭借独特的地形地貌和冰雪资源条件，成为国家发展冰雪旅游的核心地带。密苑云顶、万龙、太舞四季、多乐美地、富龙、长城岭、元宝山等多个滑雪场相继建成，还有多达20个以上的冰上基地，满足了大众滑雪和冰雪赛事需求。内蒙古中部既有丰富多彩的自然风光，也有壮观的冰雪美景，也是国家发展冰雪旅游的绝佳区域。每到冬季，各种能够展示内蒙古独特民族文化和民俗风情的特色节庆活动开始登场，冰雪那达慕、多民族冰雪文化旅游节、破冰开湖冬捕等冰雪活动盛况空前。

（2）冰雪文旅

华北地区冰雪文旅充分利用“冬奥效应”的助推作用，既有冰雪产业融合、配套设施提质升级的特征，又有冰雪联动、抱团发展的特征。北京市以文旅融合、体旅融合为主，打造全新旅游名片，集中推出30条冬季旅游精品线路，提质升级了酒店、特色小镇、旅游景区、旅游厕所、旅游咨询站等配套设施，并协同天津市、河北省共同推进京津冀冰雪文化旅游高质量发展；天津市依托冰雪嘉年华活动推广普及冰雪文化，并在距离北京60公里的蓟州区建设冰雪旅游小镇，打造“冰雪+旅游”“冰雪+消费”新布局；随着冬奥筹办工作向纵深发展，河北省张家口市知名度不断提高，带动了全省的旅游发展，仅2019年春节7天假期，接待游客2200.39万人次，实现旅游总收入139.82亿元。[①]冬季冰雪旅游明显升温，张家口滑雪、泡关外第一温泉、走草原天路、品绿色健康农家饭等特色活动让张家口冰雪旅游生机勃勃。山西省旅游业以自然风光为主，存在明显的淡旺季区分，导致冬季冰雪旅游一直不愠不火；2018年，山西省大同市荣获全国十佳冰雪旅游城市称号，借助毗邻京津冀的优势开始逐步尝试发展冰雪旅游，打造具有一定国际知名度和影响力的冰雪产业品牌，力争成为国家中西部冰雪旅游的最佳目的地；内蒙古中部地区冰雪文旅以自治区首府——呼和浩特市为代表，以发展全域旅游、四季旅游、冰雪旅游为主要特征，高标准建设一批冬季旅游设施，开发了精品旅游项目；河南省积极推进冰雪体育旅游市场的开发，先后兴建了郑州桃花峪生态滑雪场、嵩山滑雪滑草场、新乡万仙山郭亮休闲滑雪场等，使滑雪场建设呈现出“爆发式”增长态势。此外，河南省还通过举办大众冰雪系列活动打造体育旅游精品项目；山东省降低滑雪门槛，以优惠的价格提高滑雪市场的热度，通过推出“滑雪+”组合产品，成功吸引了大批游客到来。

（3）冰雪体育

伴随着冬奥会进入“北京周期”，北京冰雪运动发展势头十分强劲，呈现出赛事多、人数多、设施多三大典型特征。赛事多指的是举办的高水平国际国内赛事越来越多，人数多指的是青少年参与冰雪运动的人数不断增加，设施多指的是冰雪运动场地和设施逐年增多。通过冰雪场地向市民开放，方便了群众参与冰雪运动；天津冰雪运动的发展相对落后，通过举办全国大众冰雪季活动，也进一步促进了体育消费和冰雪产业的发展，成为天津“夜经济”发展的新动力；河北省紧紧抓住“谁

① 2019年春节河北接待游客2200万人次 冬季冰雪旅游升温明显，中商情报网.［EB/OL］.（2019-02-11）https：// www.askci.com/news/chanye/20190211/1408311141337.shtml.

去滑""去哪儿滑""谁来教"三个关键问题，全力推动冰雪运动的大众普及，人们的生活方式已经开始逐步融入特色冰雪运动。2018至2019雪季首次突破1000万人，2021—2022雪季大众参与冰雪运动将达到3000万人；山西冰雪运动努力尝试"体教融合""冰雪进校园"以及推广高水平运动队共建等方式深化冰雪运动的普及发展；内蒙古中部地区通过"冰雪体育季"活动，积极推动百万青少年上冰雪，以"冰雪运动大区"引领全区群众参与冰雪运动，大力普及冰雪运动；河南省处于中原地区，是冰雪运动"南展西扩东进"战略的"十字路口"。在冰雪运动普及方面，夏天开展欢乐冰雪周活动，冬天有全民冰雪体验行，以及滑雪公开赛、冰雪进校园等各类冰雪活动，每年参与冰雪运动的人数增长达200%；2020年6月，山东省成立了冰雪运动协会，全面拓宽群众基础和加强项目推广，冰雪运动事业的发展提升了一个新台阶。

（4）冰雪装备制造

纵观国内的冰雪装备制造市场，从冰场的浇冰车到滑雪场的索道、魔毯、造雪机、压雪车等中高端设备几乎被国外产品所垄断，即便是轻装备，如雪板，无论是单板还是双板，基本是国外品牌更受用户喜欢，滑雪服更是如此。主要是由于中国冰雪运动起步晚，冰雪装备制造领域的生产和研发都比较薄弱，还没有建立起相关产品的供应链，所以和国外的产品相比缺乏竞争力。北京市积极推动与张家口冰雪的合作，在冰雪装备制造联合布局方面推动京张协同发展，建成了张家口市高新区和宣化区两个冰雪运动装备产业园。通过引入全球知名品牌和服务商等多个冰雪企业，推动国产品牌与全球接轨，"张-廊-雄-石"联动发展的冰雪器材装备制造产业基地基本形成；天津市积极探索提升中国冰雪器材装备国产化比重的有效途径，建立了铭星冰雪天津工厂基地，是亚洲最大的冰雪装备制造基地；山西省支持小牛动力体育科技有限公司等企业发展，专业开发四季雪道表面材料以及开展雪场、四季雪场的场地设计，为冰雪产业提供全方位的技术支持；内蒙古中部地区依托呼和浩特、包头和鄂尔多斯的制造业、服务业基础，发展冰雪设备、冰雪器材、冰雪服装等冰雪装备制造业；河南省支持国内外知名企业设立冰雪装备、制造分支机构，培育和引进冰雪产业品牌，鼓励企业开发科技含量高，拥有自主知识产权的冰雪运动产品；山东省支持泰山集团并获得国家资助12 142万元，[①]开展智能冰雪装备器材研发及产业化项目，有效解决备战2022年冬奥会的训练比赛装备器材难题。

（5）冰雪教育

北京市以冰雪“体教融合”为突破口，实施校园足球、普及冰雪运动、开展“一校一品”等学校教育融合策略，其中，冰雪体育教育是重要的一环。2017年，北京市广泛开展冰雪进校园活动，将优质体育资源和优质教育资源有机互补，促进了体育和教育的深度融合；筹办冬奥会和发展冰雪运动是河北省冰雪产业发展的关键，经过几年的摸索，初步形成了冰雪竞技运动带动、群众冰雪普及固基、专业院校提质的冰雪人才多元培养模式；为了促进冰雪进校园，打通学生接触冰雪运动的通道，天津市政府印发了《关于加快推进我市冰雪运动进校园的工作方案》，创建了100所冰雪运动特色学校、冬季奥林匹克教育示范学校。另外，北京，天津，河北省还积极谋划建立京津冀三地相关高等学校、冰雪企业和场地等参与的冰雪人才培养联盟；山西省积极打造冰雪项目后备人才基地，包括在校园建立后备人才基地、在多个市设立二线队伍、在冰雪场馆和俱乐部建立后备人才基地等，扩大了冰雪人才的培养；内蒙古中部地区以“冰雪运动大区”为目标，持续推行“百万青少年上冰雪”和“校园冰雪”计划，开发滑冰滑雪课程，列入中小学教学计划，以青少年冰雪项目竞赛和阳光冰雪活动为载体，大力培养青少年积极冰雪运动的兴趣、提高技能和素质；2020年3月，河南省出台《关于促进冰雪运动发展的实施意见》，广泛开展冰雪运动进校园活动。到2025年，全省创建青少年体育俱乐部（冰雪）30个、青少年校园冰雪运动国家特色学校30所、全省体育传统项目学校（冰雪）30所，培训冰雪运动项目

① 泰山集团智能冰雪装备器材项目获国家扶持资金1661万元.［EB/OL］.（2019-09-05）http://www.dezhoudaily.com/dzyw/p/1472279.html.

校园辅导员2000名以上，打造3～5项青少年冰雪运动赛事；山东省在冰雪项目上虽然起步较晚，但通过跨界跨项选材和联合培养，组成接近180人的冬奥会参赛军团，有效推进了冰雪教育的开展。

3.2.2.2 华北地区在冰雪经济融合发展中的战略地位

（1）冰雪经济的后发优势明显

华北地区以北京–张家口2022年冬奥会为契机，紧锣密鼓地进行冬奥会体育场馆设施建设工作。目前，所有比赛场馆设施建设已经完成，正在进行不同级别的测试赛，为冬奥会做前期准备工作。冬奥会的举办不仅促进了消费升级、催热了冰雪经济，而且深化了京张两地全方位融合发展。如以“京张全季体育旅游嘉年华”为代表的品牌共建活动，正在逐步推动形成京张两地互动的格局。赛后的冬奥场馆将打造“四季大众乐园”，转换为冰雪产业聚集地，也会助力地区经济的腾飞。从全球来看，受经济萎缩和疫情防控的影响，欧洲、北美、日本等冰雪强国的冰雪产业都进入了缓慢下降阶段，而包括京津冀在内的华北地区冰雪产业迅猛发展，后发优势十分明显。

（2）冰雪产业在京津冀协同发展中扮演重要地位

京津冀协同发展是国家三大国家战略之一，冰雪经济在战略的实施过程中扮演着重要角色。近年来，华北地区冰雪经济逐渐超越东北地区，成为国内最大的冰雪市场。受“冬奥效应”“京津冀协同发展”等多重利好因素的推动，以及地区超过1.1亿的消费人口，可以预测冰雪产业的发展速度将会是国内冰雪区域的一枝独秀，持续保持两位数的高速增长，促进华北地区冰雪经济实现弯道超车。

（3）体育旅游圈逐渐形成

华北地区凭借丰富的体育旅游资源、雄厚的经济基础，正在致力于打造以张家口崇礼为核心，以京张体育文化旅游带、环京津休闲度假旅游圈为重点的体育旅游圈。京津冀地区的冰雪产业、体育休闲、旅游度假已经跨界融合，正逐渐成为国内著名冰雪体育旅游地、世界冰雪体育旅游目的地。

3.2.3 西北地区

西北地区具体包括陕西省、甘肃省、青海省、宁夏回族自治区、新疆维吾尔自治区，大部分属中温带和暖温带大陆性气候，局部属于高寒气候。冰雪产业已形成新疆为龙头，其他省份协同发展的新兴冰雪产业发展大区。新疆阿勒泰地区（喀纳斯、禾木、白哈巴）雪量大、气温低、观赏性强，风景完全不输于东北，但是由于交通、人文环境等因素影响，开始由最美的小众旅游地向冰雪旅游聚集地转变。

3.2.3.1 西北地区冰雪经济特征分析

（1）冰雪资源

新疆、宁夏、内蒙古、青海等西北地区不仅拥有天然的冰雪景观和众多滑雪场，而且还有沙漠、雪山、湖泊、草原等特殊的地形地貌和丰富多彩的人文景观、民族风情。其中，新疆有着西北地区最优质的冰雪旅游资源，雪期从每年11月持续到第二年4月前后，阿勒泰地区雪的质量最高，且气候也相对温润，滑雪或前往喀纳斯、禾木村欣赏乡间雪景，已经成为热门首选。而在内蒙古呼伦贝尔，同样也有长达7个月的冰雪期，冬季隆重热闹的冰雪那达慕盛会是一大看点。此外，冬季去西北还可到宁夏银川的贺兰山赏雪、沙湖玩雪，到甘肃的抱龙山凤凰岭滑雪场滑雪。

（2）冰雪文旅

为了更好地引导陕西市民冬季出游，提高冬季文化旅游产品的影响力，近年来，陕西省重点打造温泉旅游和冰雪旅游相结合的冬季旅游产品。“西安温泉旅游季”至今已经举办10年之久，成为拉动西安冬季旅游消费的重要引擎。“温泉自驾嘉年华”活动，整合了西安市温泉、滑雪、民俗、采摘、祈福、人文等冬季旅游文化资源。鳌山滑雪场、照金国际滑雪场、白鹿原滑雪场等数十家滑雪场建设促进了冰雪旅游快速发展，拉动了人们冬季滑雪旅游；“南展西扩”促进了西北地区冰雪运动的崛起，以甘肃省为例，虽然冰上运动和雪上运动发展较为缓慢，但冰雪游、温泉游、乡村民俗游等热门项目，整合了各地风格迥异的文化民俗和节庆旅游资源，形成了以“梦幻冰雪乐享之旅”为特色的文化旅游盛宴和冬春旅游主题产品；旅游、文化、体育是青海省较早融合发展的产业，文化旅游节和冬春季文化旅游活动使文旅体融合更加紧密，融入了更多冰雪文化旅游元素，吸引了大量市民参与；近年来，宁夏深化供给侧结构改革，开展了形式多样、内容丰富的文旅融合活动。既有精品冬游线路产品，又有冬季旅游主题活动，为游客提供最丰实的冬季旅游体验。另外，宁夏全面推进全域旅游，不断挖掘温泉、冰雪、美食等冬季旅游资源和线路产品，加快推进文旅融合，“旅游+”理念推动了文化、科技、体育和旅游的深度融合；新疆冰雪文旅产业的龙头是乌鲁木齐、巴州和阿勒泰地区，主要打造滑雪、度假休闲和民俗文化产业，重点打造“冰雪圣城阿勒泰”，以冰雪节庆活动推动了“旅游兴疆”战略实施。新疆冰雪文旅融合还有待挖掘，尤其是“丝绸之路”文化与冰雪旅游相结合的机制、模式和路径尚需深入探索。

（3）冰雪体育

为了大力发展冰雪运动，陕西省出台了《关于大力发展冰雪运动的实施意见》。冰雪场地设施建设，为加快冰雪体育产业发展、提升冰雪运动竞技水平奠定了基础，开展滑雪大会、冰雪嘉年华、世界雪日、趣味竞赛等活动，加快了群众冰雪运动的普及推广，提高了群众的广泛参与意识，冰雪运动日益成为三秦百姓喜闻乐见的健身方式；2018年8月甘肃省出台了首个明确发展室内冰雪运动的政策文件，即《关于加快发展健身休闲产业的实施意见》，引导社会力量建设体验型冰雪产业综合体，如兰州万达茂室内冰雪体验综合体，标志着城市冰雪综合体时代的到来；把握“冬奥”冰雪运动发展的黄金增长期，青海省从竞技运动、全民健身、冰雪产业、品牌赛事四个层面一起发力，打造高原冰雪体育旅游，推动了冰雪运动和冰雪产业的发展；“三亿人参与冰雪运动”推动宁夏全区滑雪场和滑冰场建设，充分利用地域特色普及冰雪运动，从建设专业化冰雪场地、培育冰雪人才、组织冰雪活动、引进高水平赛事等方面着手，不断推进体育产业供给侧改革；新疆通过推进滑雪场建设以及开展民族冰雪体育赛事活动，打造东北地区以外的“冰雪体育圣地”品牌。除此之外，新疆还积极承担国家冰雪集训队训练任务，推广普及大众冰雪运动。

（4）冰雪装备制造

西北区域具有较好的制造业基础，但冰雪装备制造业是短板。相比较而言，“冰雪装备新疆制造”已经成为新疆冰雪装备制造产业发展的亮点，具有新疆特色的滑雪板、滑雪服质优价廉，深受当地群众欢迎，尤其是生产架空索道的华通泰克游乐设备有限公司，已经成为新疆各滑雪场的主要供应商。

（5）冰雪教育

陕西省积极促进跨界、跨项选拔人才，通过合作共建、引进交流、跨省联合培养等形式，扩大全省冰雪运动项目的优秀运动员规模。依靠青少年体育俱乐部等社会力量加大冰雪项目选材力度，创建冰雪运动特色学校，加强师资队伍和配套设施建设等，推进落实“校园冰雪”计划；甘肃省冰雪教育发展较晚，为推动冰雪运动进校园，2020年7月在兰州新区进行“体教结合”先行试点，打造了全省冰雪运动进校园“样板间”；青海多巴高原训练基地滑冰馆是国家级综合性运动训练基地，也是青海体工一大队、二大队和青少年体育学校的滑冰训练基地，已成为青海冰雪人才培养的摇篮。同时，滑冰馆也向群众开放，场馆和配套设施利用率大大提高；宁夏积极推进跨界跨项选材、培育冰雪人才，为国家集训队输送近百名运动员。在培养专业冰雪项目运动员的同时，宁夏还通过组织冰雪运动培训班，积极培育冰雪项目社会体育指导员和滑雪滑冰初级“冰雪人才”；新疆分设冰上运动学校和雪上运动学校，通过打造“五滑”特色体育课程推动冰雪运动进课堂。

3.2.3.2 西北地区在冰雪经济融合发展中的战略地位

（1）新兴冰雪旅游增长带

从空间上来说，东北地区冰雪产业发展较早，引领全国冰雪市场的发展。华北地区借助冬奥会契机积极推动京津冀协同发展，形成了奥运冰雪为典型的冰雪旅游核心。西北地区以新疆为主体的新兴冰雪旅游增长带正成为不可忽视的崛起力量，与以吉林省为代表的东北地区共同构成了中国冰雪旅游版图的“两翼”。随着甘肃兰州万达茂和陕西西安融创冰雪世界的建成，西北地区冰雪产业将形成多点开花的局面和冬季旅游的新亮点。

（2）南展西扩的重要突破口

2016年9月，国家发布《关于加快发展健身休闲产业的指导意见》，促进了“三亿人参与冰雪运动”的目标与2022年冬奥会的契机相结合，推动东北、华北和西北地区以大众滑雪、滑冰、冰球为重点，加速冰雪运动设施建设，全面提升了冰雪运动普及程度和产业发展水平。从地理条件看，西北地区的天山山脉、横断山脉均具有优越的地形和气候条件，降雪量较为充足，冰雪产业的融合发展成了“南展西扩”战略的主要突破口，直接决定了“南展西扩”战略的成败。

（3）“一带一路”建设新动能

众所周知，丝绸之路的主道是西安经兰州走河西走廊至敦煌，沿塔里木盆地南北缘，穿越葱岭，通往中亚、印度和欧洲，所以西北地区处于“一带一路”国内段的前沿。近年来，西北地区积极融入“一带一路”建设，虽然互联互通网络逐步形成，贸易投资和项目合作都有显著成效，但是依然存在部分省区定位和布局趋同、同质化竞争问题。而作为新兴的冰雪产业在西北地区刚刚崛起，既可以为各省经济发展提供新的发展动能，也可以充分发挥区位优势、资源条件和产业基础，提前布局、有序竞争，避免重复建设。

3.3 冰雪经济“三北”融合发展路径分析

“冰天雪地也是金山银山”的实践和2022年北京冬奥会的契机，极大地推进了冰雪经济快速发展，形成了经济增长新动能。前文分析表明：冰雪经济高质量发展应以冰雪核心产业要素为主轴和发展重点，以产业融合和“冰雪+”推动冰雪经济产业链不断完善，着力打造冰雪经济东北、华北、西北“三区”融合，提升冰雪经济核心竞争力，最终实现冰雪经济全面腾飞。

3.3.1 “三引擎”助推冰雪产业跃升世界“第三极”

随着国家相继出台多项推动冰雪产业发展的政策，加之冬奥会赛事的刺激作用，可以预见全国的冰雪产业在“十四五”时期将进入高速发展阶段，东北、华北、西北具有明显的带动作用，打造世界冰雪“第三极”的时机已经成熟。以冰雪经济融合发展为主线，东北地区依托长白山脉冰雪资源优势，辐射东北亚地区，成为推动中国乃至全球冰雪产业的创新发展引擎。华北地区依托张家口冬奥会契机，面向东南亚地区，成为推动中国冰雪产业可持续发展引擎。西北地区依托新疆阿尔泰山脉冰雪资源优势，面向中西亚，成为推动中国冰雪产业的资源开发引擎。以“三引擎”融合发展促进东北、华北、西北三个区域冰雪经济联动，打造全球冰雪产业投资合作战略平台，必将成为中国冰雪产业创新发展高地、世界冰雪产业“第三极”。

3.3.2 冰雪经济融合发展“四步走”战略

要实现东北、华北和西北地区的联动发展，还需要三地冰雪经济的深度融合，坚持“四步走”战略，共同打造冰雪经济高质量发展板块。第一步是实现关键要素的集聚，以一体化发展和冰雪产业集聚区建设做大做强冰雪旅游、冰雪文化、冰雪体育、冰雪装备制造、冰雪教育等关键要素产业及“冰雪+”延伸产业；第二步是实现关键要素产业的融合，除冰雪文旅融合外，还要积极推动冰雪体旅融合、旅教融合、体教融合等；第三步是区域冰雪经济整合，打造冰雪经济东北、华北、西北区域板块，提升区域冰雪经济核心竞争力；最后是实现冰雪经济东北、华北、西北三区融合，形成“贯穿东西、连接三北”共融格局，与“南展西扩东进”战略相契合，打造全国冰雪经济高质量发展格局。

3.3.3 强化基础能力支撑，完善交通基础设施

提高东北地区、华北地区、西北地区的内外部交通通行能力，完善航空、铁路、公路等交通基础设施，破解三区交通瓶颈。提升航空运输通航能力，增开三区之间主要城市直航线路和世界著名冰雪旅游城市之间的直航线路，有条件地实行落地签证政策；提升铁路运输能力，加快三区之间高铁线路建设，增开“雪国列车”，进一步提高通达性和便捷性；提升公路交通线路通行能力，增开“冰雪直通车”，延长高速、公路等交通线路到冰雪景区“最后一公里”的道路，努力把游客直接带到冰雪运动场地。加快冰雪小镇的基础服务设施建设，持续做足做活做好冰雪旅游“吃、住、行、游、购、娱”六要素，丰富冰雪文旅项目内涵，开发优质冬季旅游产品，优化游客旅行体验，形成良好冰雪文化氛围。

3.3.4 建设“三北”融合冰雪运动带

充分利用东北、西北、华北的冰雪资源优势，合理布局、错位发展，建设“三北”共融的北方冰雪运动带。东北地区具有冰雪运动基础，在冰雪竞技、人才培养、冰雪文旅、冰雪装备制造方面应进一步巩固基础，稳步推进冰雪小镇建设和配套设施建设，促进冰雪产业的高端化和多元化。华北地区充分利用区位、交通、资源和人口等优势，京津冀协同推进冰雪旅游、冰雪装备制造和人才培养培训等方面的产学研合作，促进冰雪运动与旅游、教育的融合发展，为其他地区的融合发展提

供示范作用。同时，华北地区冰雪产业的可持续发展是保持经济高质量发展的重要动力支撑，在后冬奥时代如何继续保持冰雪产业旺盛的生命力是华北地区未来直面的课题。西北地区重点发展冰雪文旅产业，既要发挥新疆作为丝绸之路经济带核心区的优势，带动西北地区经济发展，还要充分积极促进冰雪资源和西北地区独特的民族文化与旅游相结合，形成独具特色的冰雪健身休闲业和冰雪旅游业。在上述冰雪产业发展重点做大做强的基础上，推动实现“三北”融合发展，可以采用对口支援、战略合作、示范引领、冰雪产业飞地等多种形式实现融合。如吉林省对口支援阿勒泰地区，与新疆开展冰雪产业的合作；长白山脉和阿尔泰山脉以及张家口地区携手战略合作，共同打造世界冰雪产业“第三极”；通过在技术和产业培育层面对口支援，打造合作示范区样板工程，提供示范引领；通过建立“飞地”合作机制，将投资资源、行业资源和客源市场实行融通对接，打造产业合作、利益共享的冰雪产业飞地。

3.4 案例分析——吉新冰雪经济高质量发展试验区

作为引领冰雪经济“三北”融合发展的先行者，吉林省与新疆维吾尔自治区共同签署了合作框架协议，开始了中国（长白山脉-阿尔泰山脉）冰雪经济高质量发展试验区探索之路。这一举措也顺应了国家冰雪产业“南展西进东扩”战略的实施，为冰雪经济“三北”共融迈出了坚实的第一步。

吉林省长白山脉和新疆阿勒泰阿尔泰山脉共处于世界一流的优质冰雪资源带，都有“粉雪天堂”的美誉，两地开展全方位的战略合作，是落实“冰天雪地也是金山银山”理念的具体实践。吉林省率先设立了“吉林市冰雪经济高质量发展试验区”，开始先行先试，走出了一条经济发展新路径、新模式，助推了吉林省冰雪产业向冰雪经济跃升。万达长白山、吉林万科松花湖和北大湖均位于长白山脉，滑雪场从雪道规模、设施设备、配套服务等都处于国内领先水平。

新疆维吾尔自治区属于边疆大区，还承担着祖国西大门维稳的重要任务。通过发展冰雪经济，使冰雪资源转化为经济优势，积极融入国家"一带一路"发展战略，对维护国家稳定具有重要的积极作用。近年来，依托丰富的冰雪资源，新疆冬季旅游发展迅猛，全疆建成近60家滑雪场。其中阿尔泰山脉的可可托海国际滑雪场、将军山滑雪场、阿尔泰山野卡峡国际滑雪场极具特色。可可托海国际滑雪场位于国家5A级旅游景区可可托海景区内，是一家融大众滑雪和冰雪竞技为一体的国际滑雪场，主要特点是雪期长、雪质优、落差大、雪道多、风力小、体感佳。此外，可可托海国际滑雪场还拥有可滑行9公里全国第一的雪道"宝石大道"和全国坡度最陡的"黑钻道"，是国家队和省市队集训的最佳地点。按照国际标准设计的阿勒泰将军山滑雪场与阿勒泰市区相连，拥有高级雪道3条，初、中级雪道16条，日接待能力10000人。这里既能举办国际赛事又是大众冬季旅游的首选之地，同时也是国家高山滑雪队训练基地，在2020年第五届WSTOPS冬鼎奖评选中，被评为中国滑雪场TOP10。阿尔泰山野卡峡国际滑雪场被称之为"阿禾公路上理想的野雪乐园"，是亚洲最大的集滑雪度假、休闲观光、避暑、户外运动为一体的综合性国际滑雪度假区，在2020年第五届WSTOPS冬鼎奖评选中获得"区域特色冬季旅游目的地"奖项。其和阿勒泰将军山滑雪场互补联动，可满足举办冬季奥运会雪上项目的所有比赛。近年来，阿勒泰地区借助冰雪资源优势，重点打造冰雪经济名片，已形成东部北部冰雪体验、南部渔猎文化、西部康体养生新格局。本案例对吉林–新疆冰雪经济合作框架协议的主要目标、重点事项和具体内容作简要分析。

3.4.1 主要目标

吉林–新疆战略合作框架协议的主要目标是：以北京2022年冬奥会为契机，立足新发展阶段，贯彻新发展理念，融入新发展格局，建立吉新联动合作机制，争取国家扶持政策，深化冰雪产业合作，推动跨区域的冰雪产业提档升级和集聚发展，打造中国冰雪产业高质量发展合作示范区和世界冰雪产业快速发展的第三极。

具体目标是到2021年底，新晋3～5个4A级冰雪景区，改造提升3～5个冰雪场馆，吉林省滑雪场总数达到50座；冰雪旅游接待总量突破1亿人次，收入达到2000亿元；参与群众性冰雪体育活动人次接近1000万。

3.4.2　重点事项

框架协议的重点内容主要包括10个方面，即冰雪旅游、冰雪运动、冰雪文化、冰雪装备、冰雪商贸、冰雪智库、冰雪金融、冰雪营销、冰雪政策和冰雪人才。总计26项具体任务，2个保障措施。应用本研究的“钻石模型”理论，将核心内容归纳为冰雪经济6个关键要素，充分考虑政府的政策保障作用和冰雪经济发展机遇，开展冰雪经济融合发展分析。

3.4.3　协议内涵分析

3.4.3.1　冰雪资源方面

长白山脉与阿尔泰山脉同处世界黄金粉雪带，具有得天独厚的自然资源优势。因此，合作双方要联动开发和用好长白山脉和阿尔泰山脉的顶级冰雪资源，加快冰雪运动场馆建设，按照国际标准完善雪场设施、经营和服务，形成大长白山区域和阿勒泰地区的冰雪场馆资源组团效应。在大长白山区域和阿勒泰地区，共同高标准建设冰雪产业园区，汇聚国内外优质冰雪装备设施、冰雪旅游文化、冰雪体育和教育方面的资源；充分考虑与新材料、新技术的结合，支持仿真冰馆和气膜馆研发，加快冰雪运动场馆建设，特别是社区大众型场馆建设，推动吉新两省区冰雪设施建设与管理交流互鉴；发挥对口支援新疆阿勒泰的政策优势，为重点冰雪景区建设、滑雪场智能化运营提供指导和帮助。发挥先发优势，推进重点冰雪场馆标准化配套设施建设，为2022年北京冬奥会有关赛事提供备训备赛场地，共同为两地冰雪经济发展提质增效奠定资源保障基础。

3.4.3.2　冰雪旅游方面

发挥援疆机制作用，深化冰雪产业合作，大力发展寒地冰雪、生态旅游与特色产业，推动冰雪旅游快速发展，建设世界级冰雪旅游度假胜地；立足差异化、错位发展，创新"冰雪+"和"+冰雪"模式，共同推进冰雪产业供给侧结构性改革，联合举办冰雪文化旅游节、冰雪美食节等系列冰雪体验活动，共同开发以冰雪旅游为主体的观光体验、节庆会展、文化美食、民俗史迹、生态休闲（冰雪温泉）以及智慧冰雪景区、冰雪娱乐项目与冰雪演艺新产品等，形成满足国内外不同客源群体需求的特色冰雪旅游路线、产品体系和滑雪旅游度假地。

3.4.3.3　冰雪运动方面

建设国家级滑雪运动训练基地，培育发展冰雪运动，加快发展冰雪竞技体育，联合申请和举办国家、国际或区域性冰雪体育运动赛事，如国际高山/单板滑雪挑战赛、自由式滑雪、越野滑雪、速度滑冰、短道速滑等各类顶级冰雪赛事或分站赛事等，打造国际冰雪运动顶级赛事平台；支持北京冬奥会，共同服务好2022年冬奥会世界各国运动员的训练保障工作；举办"百万青少年上冰雪"系列活动，如雪地摩托、雪地徒步、攀冰攀岩等，融健身休闲、竞赛表演、运动培训、文化体验于一体，互相观摩学习群众性冰雪赛事活动的经验；发展冰雪体育竞赛表演产业，举办吉新两省区冰雪运动青少年友谊赛等，打造自主IP精品滑雪赛事，建设冰雪运动休闲基地，努力将冰雪运动、冰雪休闲旅游产业打造成为冰雪经济高质量发展的重要组成部分。

3.4.3.4　冰雪文化方面

挖掘冰雪自身的特质，培育本地区特色冰雪文化，打造冰雪文化IP，讲好冰雪故事，如萨满雪祭、满族冰嬉、辽代契丹渔猎、林海雪"缘"和"净土喀纳斯、雪都阿勒泰""人类滑雪起源地"等；推进文化遗产申报，繁荣发展冰雪文化，打造冰雪节庆品牌，如新疆的毛皮雪橇类非物质文化遗产，共同构建一体化的冰雪文化资源体系；大力宣传世界级滑雪场品牌，依托精品冰雪节庆项目带动、冰雪运动名人效应、自媒体矩阵推广等方式提升两省区冰雪城市形象，鼓励冰雪文学、音乐、美术、摄影和宣传片、纪录片、影视剧等创作，共同打造一批有影响力的代表性冰雪文化品牌，推动冰雪文化与旅游融合，共同打造富有文化底蕴的世界级旅游景区和度假区。

3.4.3.5 冰雪装备方面

推动新疆冰雪装备制造企业在滑雪服、滑雪板、冰刀、滑雪鞋、直升机、多用途压雪车、雪地摩托、全地形车、缆车吊箱等冰雪装备产品在吉林推广应用，促进相关企业转型发展，共同创建冰雪装备特色产业园区和制造基地；依托吉林汽车、轨道交通等装备制造优势，引进、培育冰雪装备制造企业，联合攻关，蓄势发展。

3.4.3.6 冰雪人才培养方面

完善体育类院校和综合性大学冰雪人才培养体系，共同建立国家级冰雪训练实验室、人工智能和5G+VR及大数据技术虚拟仿真实验等，加强越野滑雪、高山滑雪、速度滑冰和冰球等方面的后备人才培养；依托高校和吉林省“国家冰雪旅游人才培训基地”，共同探索建设冰雪学院（研究院）、冰雪经济发展专家智库、国家级冰雪运动综合培训基地和冰雪人才培训基地，加大旅游管理、冰雪运动、市场营销、旅游规划等专业人才培养和培训力度，为推动冰雪经济高质量发展提供创新动力和智力支撑；以“冰雪进校园”活动，推动冰雪教育教学改革、师资队伍建设、后备人才选拔、冰雪运动推广以及青少年赛事组织等方面工作；开展“青少年上冰雪”活动，不断扩大参与冰雪运动的人员基数和数量，全力打造“三亿人参与冰雪运动”的主要承载区。

总之，吉林新疆共建“中国（长白山脉–阿尔泰山脉）冰雪经济高质量发展试验区”顺应了中国冰雪经济的发展浪潮，突破了冰雪经济从“以点为主向由点到面”的战略转换，开启了冰雪经济空间融合发展的先河。对于打造后奥运冰雪经济发展高地，加速推动吉林新疆两省区联动共赢，促进群众共享冰雪红利等都具有重要意义。吉林新疆两省区冰雪经济联动发展的根本在于两省区都具有优质的冰雪资源（粉雪），在充分利用冰雪资源的基础上，推动冰雪旅游、冰雪运动、冰雪文化、冰雪装备制造、冰雪人才培养等核心要素的流动和融合，构建完整的冰雪产业链体系，助推冰雪经济向高质量发展跃升。同时，两省区政府的大力推动和国家“双循环战略”的市场机遇也是促成两省区冰雪经济融合发展的主要推动力量。从本案例的分析来看，吉林新疆共建“中国（长白山脉-阿尔泰山脉）冰雪经济高质量发展试验区”既符合本文提出的冰雪经济“钻石理论模型”，也体现了以冰雪核心要素流动和融合为特征的冰雪经济融合发展的内涵。

第4章　冰雪经济四季融合发展

实现资源的永续利用是可持续发展的基本要求，冰雪经济的发展依赖于优质冰雪资源的供给，以及由冰雪运动和冰雪旅游引发的扩展效应。在东北地区，冰雪产业具有明显的淡旺季现象，滑雪场地、滑雪度假村等基础设施在非雪季闲置，尚未得到充分利用，进而无法创造新收益。因此，冰雪产业的四季联动已经成为冰雪经济可持续发展的重要研究课题。特别是新型冠状病毒疫情发生以来，全国的滑雪场遭受重创，在各大雪场纷纷自救的同时，滑雪场四季运营的问题再一次成为焦点话题。在疫情暴发的时候，吉林省各大滑雪场以及新建的冰雪大世界也未能幸免，围绕冰雪主题准备的300多场冰雪活动也因疫情而被迫取消，据估计由此带来的损失近千亿。如今，疫情的常态化正在迫使全国各大雪场寻求改变，如何从“一季养三季”向四季融合转型，已经成为冰雪经济发展的“必答题”。

4.1　冰雪经济四季融合的必要性

4.1.1　提供可持续发展模式

冰雪季一般从11月初持续到次年4月，由于气候原因，室外大部分滑雪场5月后便进入“半休眠”状态，不但收入下降，而且设施设备的维护、经营管理团队的留守，还要增加一些成本。因此，越来越多的滑雪场认识到，与其非雪季“撂荒”，不如盘活闲置的资源，向全季节、多业态、可持续经营发展。吉林省万科、北大湖、长白山三大滑雪场一直致力于四季经营的探索，开发了一系列非雪季户外运动项目。如长白山推出的低空游览常态项目，万科松花湖推出的滑翔伞、热气球、滑翔机等休闲旅游产品。北大湖除了提供避暑休闲栈道之外，2020年，在雪上项目训练基地，正式投入使用了K50和K90四季跳台坡面跳草场地，这是中国第一个可以四季使用的K50跳台，也是第一个可供夜间使用的K90四季跳台。四季跳台的改造成功，改写了吉林省跳台项目只能冬季和白天训练的历史，实现了运动员四季训练、全天候训练的无缝衔接。

4.1.2 缓解疫情带来的冲击

受新冠疫情的影响，大部分滑雪场没有了收入来源，政府补贴也是杯水车薪，面临着“活下来”的问题。转变经营模式、探索新的经营理念在滑雪圈里早已不是新鲜的课题，国内各大滑雪场四季运营都有尝试，但是受冰雪产业链规模、配套设施以及各部门支持程度的制约，大多数雪场并没有实现四季运营常态化，导致这次突如其来的疫情为结构单一的滑雪场经济带来了致命的影响。吉林省为了有效应对疫情，制定了13条支持文旅企业发展的政策措施，其中对滑雪场重点给予补助，大大提振了滑雪场经营者的信心。随着滑雪场不断推出季节性经营项目，增加各季节性的营收，四季融合经济将会在后疫情时代成为冰雪经济发展的常态。

4.1.3 实现与国际接轨

中国冰雪经济发展取得了不小的成绩，滑雪场和冰雪度假小镇发展迅速，冰雪产业园纷纷建立，冰雪装备国产化进程不断加快，冰雪教育培训如火如荼……但从世界范围来看，中国的冰雪经济尚处于初创阶段，距离世界冰雪强国还有不小的差距。欧洲、北美的世界冰雪强国滑雪产业起步早，四季运营完备，已经成为各国学习参考的成功案例。而中国滑雪场四季运营起步较晚，还处于不断尝试之中，需要向冰雪强国学习，但也不能生搬硬套，需要结合滑雪场自身环境因素、地域文化因素以及消费特点不断进行尝试。如吉林省拥有世界最好的冰雪资源，位于东北亚地区的几何中心，发展冰雪经济，实现四季融合，不仅有利于打造世界冰雪经济增长的“第三极”，带动东北再振兴，而且也有利于搭建国际交往平台，以冰雪为媒，促进东北亚地区乃至欧洲北美地区冰雪产业的互联互通，实现冰雪经济全球化发展。

4.2 冰雪经济四季融合影响因素分析

4.2.1 季节和气候

冰雪经济是对自然环境依赖性较强的一种经济，季节和气候对其发展来说，也是一柄双刃剑。黑龙江省冬季平均气温为-18℃、多风，吉林省冬季平均气温为-7℃，较黑龙江省更加温和，而且风速不大，非常适合滑雪产业的发展，吉林省东南部长白山脉是国内冰雪资源最好的地区之一，原因是可以产生粉雪。粉雪是“如粉末状的雪”，通常指雪颗粒的核心（冰晶）还没有充分冰冻、凝固变大就落到了地面的细小而密实的雪绒花。颗粒状粉雪像球一样结实、饱满，彼此互相支撑，被挤压后还能像海绵一样恢复原状，给滑雪者反弹并有丝绸一样柔软顺滑的感觉，所以粉雪也被滑雪发烧友视为“尚品”。世界有三大粉雪基地，分布于中国的长白山脉、欧洲的阿尔卑斯山脉和北美的落基山脉，是滑雪者整个“雪生”的追求，也被称为滑雪天堂。从这一点来说，吉林省的季节和气候是有先天优势的。但是季节和气候也有一定的限制，每一年降雪季节持续时间的长短，对冰雪经济的开展时长有一定的制约作用。2018年冬季是一个典型的“暖冬”，整个冬天气温偏高，符合发展冰雪经济条件的天数相对减少。虽然目前人工造雪能够延长冰雪经济所需要的冰雪季节时长，但是由于气候变暖等因素的影响，低海拔地区冰雪季节缩短的问题并不能够得到完全的缓解。因为人工造雪需要零度以下的气温条件，同时需要大量淡水和电力支持，并且会产生噪声污染。如2018年的暖冬，哈尔滨“冰雪大世界”营业时间缩短整整26天，经济损失可想而知。人工造雪的另一个弊端就是影响水生态，滑雪场人工造雪是以取地下水为主，用于造雪的地下水回收率仅有40%，会加重山区的春旱和水土流失，也会破坏土壤，影响植被的生存环境。由此可见，季节和气候是冰雪经济发展不容忽视的影响因素，如何充分利用好季节和气候，是冰雪经济实现可持续发展的重要一环。

4.2.2 冰雪交通

交通设施是制约多种经济发展的一大重要因素，冰雪经济也不例外。寒冷的冬天，原有修建好的道路都极有可能因冰雪造成交通延误，甚至发生险情，更何况有些城市的交通网本身还不完善。冰雪经济开发地区大部分位于市中心以外，所处位置相对较偏，相应的道路设施是否到位将影响到其对资本或市场的吸引力。什么方式可以到达？到达的路程是否顺畅？驾车的话是否有足够的指示牌和停车位？这都是城市发展冰雪经济必须要考虑的内部交通问题。对外部交通来说，城市的交通网络是否能与国家交通网络对接，对外交通方式是否完善便利？这也将直接影响到冰雪产业的市场辐射广度和资源引入力度。冰雪交通也受制于区域经济差异，南方地区没有见过雪的人很容易被北方的冰雪吸引，对发展冰雪产业来说是一个潜在的巨大市场，但外地游客一旦考虑到交通问题，真正实行计划的人则大大减少。由于中国区域经济差异较大，东北三省经济落后于国内经济发达省份，冰雪交通不够发达也是一个不争的事实。吉林省在冰雪季开通了公路冰雪直通车，铁路“雪国列车”、航空增加了旅游包机密度，冰雪产业快速增长，但相对完善的立体化的交通体系尚未形成，去雪场依然要花费较长的时间，导致外地游客或因交通不畅增加挨冷受冻的恐惧感而取消行程。对非雪季的外地游客来说，对“一站式”交通同样需求强烈，从目前来看，东北三省尚未具备完善的“一站式”交通需求能力。

4.2.3 产业体系

冰雪经济四季融合发展需要健全的产业体系，在发展冰雪文旅、冰雪体育、冰雪教育、冰雪装备制造等产业的同时，还要注意冰雪地产、冰雪会展、冰雪营销等关联产业和衍生产业的共同发展。单一的产业结构既不利于冰雪经济四季融合的发展，也会减弱冰雪爱好者上冰上雪的热情。产业体系的健全与否决定了冰雪经济四季融合的进程和质量，以法国为例，霞慕尼滑雪度假胜地①是全球最大的滑雪场，总面积6000平方千米，拥有79条滑雪道，总长157千米，其中还有长达22千米的世界最长野雪道。霞慕尼滑雪度假胜地作为世界登山运动发祥地，每年接待游客量高达250万人次，同时，也是1924年第一届冬奥会所在地，共举办过1924年、1968年、1992年三届冬奥会。霞慕尼滑雪度假胜地拥有完善的产业体系，度假区内主要发展与滑雪、登山等运动相关的教育培训、医疗服务及配套服务业，区域内设有医学研究所和一系列学校，其中成立于2004年的高山医学研究所是法国和欧洲高山医学的尖端研究机构；法国国家滑雪学校（简称ESF），是世界最大的滑雪学校；法国国立登山和滑雪学校（简称ENSA），也是世界第一所登山学校；还设有体育用品商店，店内拥有世界上最齐全的山地运动装备和运动器材，涵盖世界知名品牌；附近设有60家旅店，1845个床位，并围绕着霞慕尼滑雪度假胜地形成了罗讷阿尔卑斯大区的滑雪器材、装备生产制造基地，形成了以霞慕尼为代表的滑雪度假集聚区和运动装备以及山地运动装备工业制造区为核心的特色产业发展模式。与此同时，它还拉动了法国品牌QUICKSILVER（奇克尚风）市场。该品牌产品在创新、设计、舒适度、安全及质量方面非常突出，旗下Rossignol（罗斯戈奴）生产的滑雪板，是世界上最著名的滑雪板品牌，全球销量第一，在机械牵引装置、夯实设备以及人工造雪等运动设备国际市场中占有一席之地。2016年，吉林

① 长吉图特色旅游发展总体规划（汇报稿）[M]. 上海奇创旅游景观设计有限公司.2010.12：89-92.

省发布了《关于做大做强冰雪产业的实施意见》，提出了打造以“冰雪旅游、冰雪体育、冰雪文化”为核心的“3+X”冰雪全产业链，经过三年多的发展壮大，产业体系还不完善。万科松花湖、北大湖、长白山万达三大滑雪场是国内知名滑雪场，万科松花湖度假小镇、北大湖中瑞小镇、长白山万达国际旅游度假区也已建成，但与法国霞慕尼滑雪度假胜地健全的冰雪产业链相比，还有很大差距。如今，三大滑雪场都面临着非雪季持续运营的课题，而问题的核心则是如何建立完善的产业体系。

4.2.4 四季冰雪人才培养

冰雪经济的发展需要各方面的专业人才支撑。由于冰雪经济覆盖了一、二、三产业的有关方面，所以对专业人才的需求更为复杂。北京冬奥会申办成功和“冰天雪地也是金山银山”的引领，全国上下掀起了冰雪运动热潮，冰雪经济效应带来的最直接效果就是对冰雪人才的渴求达到了前所未有的高度。据研究，至2025年，中国冰雪专业人才缺口或达10万人，而未来中国在冰雪人才方面的缺口还会越来越大，冰雪人才供需矛盾十分突出。以滑雪产业为例，不仅需要有滑雪器材以及滑雪服装设计、制造、销售等方面的人才，也需要有雪场规划、经营管理与服务的复合型高端人才，更要有高水平的滑雪教练队伍。对非雪季来说，如何避免非雪季滑雪场人才流失同样是滑雪场需要直面的问题。非雪季滑雪场的经济来源依赖于新开发的项目，新项目不仅要考虑特色以及消费者的认可度，还要考虑专业人才持续供给问题，防止人才流失。国内大多数滑雪场在非滑雪季都选择了开展滑草和户外野营项目，虽然实施起来比较容易，对一些技术教练的培养也比较方便，但缺乏特色，最终的结果往往是亏损大于盈利。因此，非雪季项目选择依然是困扰滑雪场四季运营的重要问题。

4.3 冰雪经济四季融合的国际比较与借鉴

应对全球变暖以及降雪量和市场的不可预见性，还需深耕冰雪经济“四季运营”模式。四季运营模式来源于欧美，已形成了成熟的、多样化的体系。由于国内外在冰雪资源条件、客户群体以及消费习惯的不同，还需要对欧美的四季运营模式进行本土化改造。国外四季运营比较有代表性的地区有新西兰的奥拉基库克山国家公园和日本的北海道，国家公园的四季运营宗旨是以冰雪旅游为核心，打造新西兰南岛四季度假天堂；北海道的四季运营是以原生态的养老度假为特色，打造感动世界的四季旅游目的地。

4.3.1 新西兰

新西兰的奥拉基库克山国家公园的气候四季分明。在漫长多雪的冬季，国家公园除了提供适合各种人群的滑雪场之外，还开设了冰雪观光娱乐项目，不仅有冰川、冰洞观光，还可乘坐直升机观光整个公园。国家公园在其他季节安排的旅游项目主要有徒步、文化、农业、天象、婚庆和健康疗养等。徒步项目针对不同人群设置不同的登山步道，如家庭的、大众的、初级的、远程的、攀爬类、平坦类等步道，并设有相应的餐饮、住宿服务；文化项目通过与地方文化的融合，使游客通过参观博物馆、文化中心，对地方文化有更深入的了解；农业项目主要是参观新西兰农场以及海拔最高的鲑鱼养殖地；天象方面，建立了观星天文台吸引游客；婚庆项目提供了古老的教堂、花园冰川等多样的婚礼举办场地；健康疗养项目提供了温泉度假村、健康水疗中心以满足游客休闲的目的。其他还有名目繁多的节庆活动，通过开发多样的旅游产品，国家公园弱化了淡旺季的差别，成为新西兰全季旅游地。

4.3.2 北海道

北海道位于日本的最北部，占全日本面积的1/5。白雪皑皑，雪中嬉戏是北海道给人留下的最初印象，而田园风光、欧美风情、美食佳肴、养生温泉却是北海道最具魅力的代名词。滑雪、温泉、美食是北海道冬季冰雪经济的主打项目，冬季滑雪与养生露天温泉的结合是北海道乃至日本的旅游特色，美食则是北海道原产地的生态农产品。除此之外，北海道还打造出春季（4～6月）赏樱花+春天滑雪+美味海产；夏季（7～8月）五彩花卉+户外活动+乡村美食；秋季（9～11月）赏枫叶+采摘水果的旅游产品。一年四季都有的庆典活动（如北海道雪祭节），使北海道成为多元化产品构建的复合型旅游目的地。

北海道较早采用了四季运营发展布局，每年的5月是日本最后一批樱花绚烂开放的时期，因此，赏樱成为北海道春季最浪漫的活动。夏季的北海道绝对是吃货的天堂，游客可以品尝到北海道最具代表性的三大蟹：帝王蟹、松叶蟹和毛蟹，还能体验到最具特色的拉面以及最独特的成吉思汗烤肉，还可以体验白色恋人巧克力制作的全过程，购买到风靡全球的最正宗的白色恋人巧克力。赏枫泡汤是北海道秋天的推荐体验之一，在日本评价第一位的定山溪温泉泡汤，可以在观赏满山红叶的同时，泡一泡温泉水，洗净一路风尘，是消除疲乏的最佳方式。冬天的北海道唯美得像一部浪漫电影，除了滑雪嬉戏之外，还会遇上一年一度最热闹的盛会——札幌冰雪节。在观看焰火表演中泡泡登别温泉，享受冰与火的双重体验，是北海道冬季提供给游客的最浪漫的体验。

4.3.3 比较与借鉴

新西兰国家公园和日本北海道的四季运营模式为优化中国冰雪经济建设提供了有益的借鉴。当然，这些模式还要进行本土化改造，以适应中国冰雪经济发展要求。以吉林省为例，为适应“一主、六双”产业空间布局规划的要求，吉林省冰雪经济的四季运营要充分考虑东部和西部的差异。东部地区应采用滑雪+避暑+生态的四季运营模式，开发多样化“滑雪+”项目，如观光、温泉、小镇、饮食、文化、农业等都可以和滑雪相结合，塑造更为丰富的冰雪旅游体验；依托景区构建森林避暑、滨水体验、避暑康养、休闲农业、休闲文化等避暑休闲核心产业体系；依托山、水、林、田、湖、草打造生态观光、生态度假、生态人文、生态产业，构建各具特色的生态度假区。西部地区应采用冰嬉+河湖+草原湿地的四季运营模式。着力打造查干湖冬捕节和叶赫冰嬉文化节，深耕渔猎文化和满族冰嬉文化，以“冰文化”与节庆旅游的融合带动西部地区冰雪消费经济链和相关产业的集聚；西部地区由于生态资源丰富，可借鉴北海道的四季运营模式，即以生态环境利用和改造为基础，构建全季生态引领的运营模式，释放河湖草原湿地的生态效益。

4.4 冰雪经济四季融合发展对策

4.4.1 打造四季运营项目

为实现滑雪场可持续发展，实现四季融合，可以采取的措施有：丰富“冰雪”内涵，做足“文化+旅游”文章，增加本地特色，融入本地文化等，还要开发与冰雪相关的文化创意产品，提高冰雪旅游的综合效益。将“农业+旅游”结合在一起，打造四季采摘项目，种植时令蔬菜、水果，延长产业链进行现场加工制作，带动餐饮业发展。在非雪季，要向大众化旅游转型，满足各个年龄层的需要。针对老年人可设计垂钓、登山、挖野菜等项目；为成年人打造适合成年人体验的各种项目；为孩子设计亲子乐园、淘金乐园等项目；还可针对团队设计团队类的、拓展类的项目，如真人CS（反恐精英）野战、拓展训练项目等。

表4-1 国内部分滑雪场非雪季经营项目

区域	滑雪场名称	主要夏季项目
东北	亚布力阳光度假村	越野山地自行车、旱地滑道、射箭、空中飞人等
	北大湖滑雪度假村	会议接待、山地自行车、迷你高尔夫、树上穿越（含溜索）、丛林真人CS、登山徒步等
	万达长白山国际度假区	山地高尔夫球场、电瓶车、索道、滑道、山地车、ATV、水上乐园等
	万科松花湖度假区	山地自行车、青少年教育基地、踏青游湖、草坪婚礼、缆车餐厅、水上项目
	大连林海滑雪场	林道山地车森林公园，以春季踏青露营、夏季拓展、秋季采摘为辅的四季经营模式
华北	密苑云顶乐园	山地自行车速降场地、高尔夫、雪地露营等
	渔阳国际滑雪场	高尔夫练习场、大型生态餐厅、乐谷音乐节等
	怀北滑雪场	汽车露营、穿越、山地项目、扎筏泅渡、山地CS等
	伏牛山滑雪场	观光缆车、滑道、高尔夫、高山观光电瓶车游览、草地摩托、草上滑车、暗河漂流、室内滑雪
南方	西岭雪山滑雪场	春季赏花、夏季滑草、热气球、射箭、攀岩、草地自行车、越野赛车、悠波球

资料来源：《冰雪蓝皮书·中国滑雪产业报告2016》。

从表4-1可以看出，在非雪季运营的国内滑雪场，四季运营项目既有相同点，也有不同之处。其中吉林省的三大滑雪场在四季运营方面更具有主题策略，如万达长白山尝试通过建设和运营水上主题乐园突破季节性的限制；万科松花湖实行夏季营地开放，并取得了良好的效果，成为国内滑雪场四季运营的典范；北大湖滑雪场通过将场地变成训练基地实现夏季经营，满足了冬奥军团备战训练的要求。结合上述分析，提出以下建设项目：（1）旱地滑道。其属可灵活建造的弹性项目，新鲜刺激，让人回味无穷，滑道表面圆滑，不易伤人，使用安全。旱地滑道是四季项目的新选择，和冬季滑雪场雪圈项目有着共通点。（2）丛林真人CS。其是多人一起组织起来的游戏形式，是集运动和游戏于一体的紧张刺激的娱乐活动，滑雪场占地辽阔，设施齐全，合适在非雪季用来作为真人CS的场地。（3）营地教育基地。随着家长们对校外教育、营地教育的认知度、接受度越来越大，营地教育的市场与滑雪市场一样在中国快速发展。雪场有适合开展营地教育的环境，因此营地教育与滑雪场的结合相对适宜。（4）四季采摘项目。滑雪场地处城市边缘，土地成本较低，周围大片沃野可建大棚，组织采摘活动。也可以打造相关产业进行上门配送业务，同时也有效促进了乡村振兴和全域旅游的发展。（5）深耕文旅融合。吉林省有东北抗日根据地，历史积淀浓重，可开展抗日回忆展览，激发民族认同感、归属感。同时，吉林作为满族文化的发祥地，拥有丰富的满族原生态文化遗存，可以开发特色文化旅游产品（如长白山满族剪纸是满族文化的重要载体），增强对冰雪旅游者的吸引力。

4.4.2　完善立体化交通网络体系

促进冰雪经济发展、滑雪经济持续升温的一个最重要条件就是冰雪交通畅通工程。目前，北京冬奥会交通基础设施建设已经进入收尾阶段，北京至张家口高铁，以及崇礼支线、延庆支线、兴延高速、延崇高速、宁远机场和15条赛区场馆之间的连接公路全面通车（通航），4个交通枢纽的基建任务均已完成，为冬奥会提供了完备的交通保障。从全国交通路网发展情况看，相对落后的依然是东北地区和西北地区。本文仅以吉林省为例，探索完善立体化交通网络体系的合理对策。

公路方面以拓宽、完善现有省级公路、市乡公路和村村通公路基础设施为主，划分路段责任，落实负责人或巡查车制度，开设滑雪专用电台以及自媒体，实时播报路况信息。推进共享汽车企业与滑雪场合作，发布优惠券以及旅游套餐，设置机场-火车站-滑雪场共享汽车停车场，以便外地冰雪消费者随时都能享受便捷的交通工具；铁路方面持续推进沈阳至长白山高铁项目，以“雪国列车”为载体，带动沿线冰雪旅游资源开发，建设最美冰雪旅游带。在雪季增设冰雪旅游专列，非雪季增设休闲避暑专列，最大限度地吸引外地游客来吉林游玩；航空方面支持长白山国际旅游度假区与航空公司持续合作，推进雪季与非雪季旅游包机项目，积极拓展南方客源地市场，效仿新疆阿勒泰开发低空观光飞行旅游服务项目，使游客观赏吉林山水以及雪景的同时，获得更难忘的体验。

4.4.3 建立完善的产业体系

从吸引冬季游客向吸引四季游客为主要目标转型，充分利用国家和地方冰雪政策，结合当地优质自然资源和文化资源将滑雪场打造成大型的、综合性的旅游度假小镇，改变滑雪场单一经营模式。仿效欧美冰雪强国，建立滑雪博物馆，让游客加深对滑雪文化的了解。建立地方文化图书馆，为四季游客提供宁静、轻松的学习休憩环境。完善适应不同年龄、不同层次游客需求的基础设施，提供个性化酒店、酒店式公寓，以优质服务营造宾至如归的游客体验。

做大做强冰雪经济产业链体系，开发具有浓郁地方特色的山地温泉、KTV、小剧院、商店街、特色餐饮等娱乐设施，与节庆活动结合，打造“旅游+节庆”品牌，像举办消夏音乐节、冰雪马拉松等。提供完善的医疗设施设备，充分保障游客的安全。建立滑雪旅游、观光度假、运动休闲等丰富的产品体系，围绕避暑、健身、观光、养生开发适合大众需求的休闲娱乐业态，如山地卡丁车、徒步、攀岩、夏令营、定向越野、滑翔伞、无人机营地、雪橇、溜索、水上乐园、山地自行车等户外运动项目，突出旅游主题，着力打造四季融合的旅游度假休闲地，拓展冰雪文化、体育赛事、音乐娱乐等功能。

4.4.4 培养四季冰雪人才

强化冰雪产业四季人才支撑。依托高校与冰雪企业的合作，探索跨界专业人员培养与第三方培训相结合的模式，建设冰雪产业职业技能实训基地和人才培养基地；培养冰雪体育运动、滑雪度假区运营管理、冰雪场地工程、冰雪设备维护、冰雪运动康复、冰雪艺术等领域专业人才；完善运动员、教练员及相关人员奖励政策和激励机制，留住和吸引人才；加强与发达国家的冰雪运动专业高校、国际冰雪运动相关组织的交流与合作，对标国际标准，培养冰雪关联产业专业人才。

建立冰雪人才评价和人才培养管理体系。建立省级冰雪人才评价与发展研究机构，建立冰雪人才库、入库人才分岗定级、评价指标体系和办法，科学评价人才；以冰雪产业领军企业为龙头，成立冰雪商会，自主运营、建立覆盖全省的运营管理专家团队，开展创业培训、职业技能鉴定培训和认证，打造冰雪行业中坚力量。建立智库和商会协同机制，全面服务冰雪专业人才发展。

加快体旅融合的进程，培养专业体育旅游人才。有效激发高校参与冰雪人才培养的积极性，通过多渠道、多层次培养体育旅游管理、商业策划、市场运作和营销的专业人才，为冰雪经济四季运营提供智力支撑，也可采用自主培养、积极引进、志愿者参与和社会组织参与等多种模式培养体育旅游专业人才。

加快体教融合的进程，将冰雪项目纳入中招考试体育成绩。通过政府购买服务的方式鼓励中小学生上冰上雪以及户外拓展训练，以滑雪场作为训练和培训基地，制定中小学生培育计划，培养学生的操作技能和体育素养，既可以有效避免滑雪场从业人员的流失，也可以不断挖掘相关专业后备人才。

4.4.5 提高游客参与度

实现游客的广泛参与是冰雪经济四季融合的根本要求。建立游客大数据库，满足顾客多样性、多层次性需求；优化游客的消费成本，推广滑雪场联盟和政府购买服务（发放消费券等）模式；注重雪场与游客间的双向沟通，建立有效的沟通渠道，优化服务体系，提升服务质量；加强冰雪自媒体的营销，充分利用头条、腾讯、搜狐等资讯媒体，抖音、西瓜视频等视频媒体，微信、QQ等社交媒体宣传推广四季活动，增加营销的购买力。加强对冰雪旅游景区的整体设计和非雪季策划，形成政府与企业联手发力、线上与线下共同助力的良好局面。

4.5 案例分析——万科松花湖滑雪度假区四季运营策略

万科松花湖度假区是中国唯一兼具大型目的地滑雪度假区和城市滑雪场功能的度假区。2017—2020连续四年游客接待量全国领先，在2020年第五届WSTOPS（冬季运动最高奖项）冬鼎奖评比中获得“年度最佳四季运营雪场”的称号。度假区位于吉林市东南部，距吉林市主城区仅15千米，距长春龙嘉国际机场约86千米。度假区整体规划20平方千米，致力于打造“家庭友好型”度假区，建成的配套设施包括王子大饭店、青山客栈、青山度假公寓、青山民宿、北美风情商业小镇、吉林ONE（万科山顶餐厅）和LSR（松花湖度假区）儿童村等。滑雪场充分尊重客户需求，全年为顾客打造极致的四季休闲旅行度假体验，如感动客户、V · SKI（万科滑雪）服务等，得到了市场和客户的普遍赞誉。

作为国内雪场四季运营的典范，万科松花湖度假区开辟了春踏青、夏赏花、秋赏叶、冬滑雪的四季运营策略。万科松花湖度假区交通便利，具有冬季运营多样性，已经成为全国唯一的“城市+度假雪场”，拥有雪道34条、滑雪面积175公顷，能同时满足8000人滑雪，是中国滑雪面积最大的滑雪度假区。

4.5.1 雪场设计和建设

万科松花湖度假区非常重视雪场的设计和开发，处处体现着融合性特征，主要体现在极具包容性与趣味性的雪道设计、雾凇环抱的滑雪度假区、最好玩的地形公园、最大落差高级道夜滑等方面。滑雪场初中高级雪道达到国际黄金比例4：4：2，拥有5条国际雪联认证的高品质雪道，可以满足不同度假客群需求；采用主题式分区设计，初雪、进阶、道内、野雪、公园，不同等级不同玩法的滑雪者互不干扰，雪道具备了包容性与趣味性；万科滑雪场与松花湖毗邻，湖面的水蒸气被晚风徐徐送到大青山的森林中，入夜遇冷凝霜，形成了雾凇。奇特的雾凇形似银柳玉花，与黄山云雾、泰山日出和钱塘江潮涌共同被誉为中国“四大气象景观”，驰名中外。坐落在大青山的松花湖滑雪场也因此成了一个别具特色的、被雾凇环抱的滑雪场。滑粉雪、赏雾凇，毛茸茸、亮晶晶、惹人喜爱，煞是好看；度假区拥有成熟的独立公园运营团队IP：V-PARK（万科公园）；联合新西兰Cardrona（卡卓娜）雪场，打造世界级地形公园，赛事活动众多，游客都能体验到有安全保障的自由滑的乐趣；游客可在初/中/高级及公园30万平方米、全长10公里夜场雪道任性畅滑，雪道605米落差、2.6公里全线贯通，周末还有夜滑表演、灯光秀、DJ（打碟者）、帐篷酒吧，通过夜滑项目营造吉林夜生活网红打卡新风尚；所以，度假区为冰雪消费者提供了一流的冰雪装备、地道的美食、国际范的商业小镇、最受欢迎的冰雪纪念品以及丰富多彩的赛事活动。

4.5.2 打造冰雪旅游全产业链

度假区完善的旅游产业链为游客提供滑雪体验的同时，也丰富了极具特色的消费体验，主要包括设备租赁、山景美食、商业小镇、自有IP、赛事活动等。万科滑雪场与亚玛芬战略合作，租赁SALOMON（萨洛蒙）、ATOMIC（阿托米克）等不同品牌雪具，以及各类雪服。单套装备可以满足滑雪者的高端需求，还有高端S9雪具及各类野雪、自由式雪具租赁；四季山地小镇拥有自营餐厅及进驻餐饮，美食类型涵盖西餐、日餐、东北菜、朝鲜菜、烤肉、火锅、清真菜、快餐、酒吧等。其中，桃园中餐厅的青山本味吉菜、融合菜取材于度假区30公里以内本地特色食材，多次被评为雪场最佳料理。吉林ONE则被称为最美山顶餐厅，让美食与山景同在；具有国际范的商业小镇拥有17家品牌雪具店，7家配套商业，13家餐饮店；亚玛芬、边城体育、BURTON（伯顿）等国际品牌进驻，还有自助超市、银行网点、物流快递等生活便捷服务保障，致力于打造购物、高端租赁、餐饮、酒吧、休闲娱乐一站式服务；小镇建成了最受欢迎的自有IP，经过精心选材、研发，围绕吉祥物刺猬小v打造出一套完整的纪念品线，涵盖摆件、毛绒玩具、日用品、服装等。2019—2020雪季，通过与冬奥纪念品官方渠道合作，冰墩墩雪融融也加入到了纪念品售卖的大家庭，深受喜爱；度假区内的山体、雪道以及配套条件优越，2017年至今已承接包括国际雪联高山滑雪远东杯赛、滑雪登山世界杯、全国大学生高山滑雪比赛在内的50余场国际级、国家级冰雪赛事。各类精彩活动覆盖整个经营年，也打造了国内首届电音节、青山花海节等品牌IP活动。

4.5.3 “轻度假”服务运动健康主题

聚焦“轻度假”[①]，围绕自然健康主题，打造户外近郊轻度假与景区结合的山地度假场景。2021夏季度假区设立以航空飞行、户外婚礼、水上运动、户外休闲、山地竞技、家庭休闲为核心内容的6大主题功能区。户外休闲区依托60万平方米高山花海和8万平方米优质草坪，建有各具特色的4条山林登山步道以及山顶刺猬乐园、山顶花园、吉林ONE、星空营地、青山剧场、森之舞台六大网红打卡点。登顶大青山，远眺松花湖已是游客在松花湖户外休闲的必选项目。大青山的原生植物丰富，总计野生植物74科、244种。山地野生花卉品类繁多，包括蒲公英、委陵菜、荷青花、毛百合等20余种原生野花。在度假区，还播种了大滨菊、金鸡菊、金光菊、石竹、飞燕草等20余种适合北方高山生长的野花。这些野花组合成高山花海，面积大、分布广、品种多，花期从5月一直持续到10月中旬，漫山遍野、姹紫嫣红、争奇斗艳、月月不同。徜徉花海中，清香扑鼻，沁人心脾；山地竞技运动区是V-PARK团队夏季杰作，东北最大沥青山地车压抬道&专业山地车速降道&国内首创Flow Trail（自行车山地运动技巧）腾跃道，适合不同水平山地车爱好者。Pump Track（泵道）技巧公园占地面积近1000平方米，赛道全长230米，共计包含9个弯道、38个单峰、5个双峰、1个Table（桌板）跳台，可供车手自由挑战不同线路组合。山地车速降道全长1.98公里、海拔落差212米，车手可以从山腰直奔山下，途中还新增不少飞台障碍样式，给车手带来更新

① “轻度假”是一种时尚度假方式，多指城市周边有品质的短假游，由中高端酒店、特色美食和休闲娱乐组成。百度百科：https: //baike.baidu.com/item/轻度假/15402371?fr=aladdin.

奇、更刺激的骑行体验。Flow Trail腾跃道通过土方基础与木质弯道模拟山地环境，大起伏与大半径弯道，使初学者与PRO（职业选手）都能找到自己节奏，并且山地车服务中心提供全程服务保障；松花湖的夏季更是家庭休闲出游的极佳选择。彩虹滑道、旋转木马、草地滑车、UTV（通用运输车辆）越野、V-Fun（万科乐园）乐园、弹性迷宫、手工课堂、熊猫雪人旱雪、山地真人CS、家庭趣味自行车、特色市集和美食街区等，营造出优美的家庭休闲娱乐环境；烟波浩渺、水域辽阔的松花湖，是炎炎夏日清爽解暑的绝佳之地。度假区也是吉林省首家国家级航空飞行营地，开展四季滑翔伞飞行、热气球观光体验、航空运动科普营地教育、飞行滑翔培训等项目；草坪/山顶/小镇/中式四大高端主题婚礼为爱心游客打造了一片山水、永世情缘的浪漫圣地！

4.5.4 儿童及青少年教育拓展基地建设

度假区教育营地以“让孩子们在自然科学探索与户外运动体验中实现快乐成长”为使命，致力于为孩子们提供深入理解合作、沟通、创新的营地平台，特别针对3～14岁儿童及青少年，以滑雪技能教学、自然体验课程、水上运动体验等专业户外项目开展营地教育活动，孩子在“玩中学”，在健康快乐的环境中自由成长，开发无限潜能。教育营地开发了冬令营、夏令营、家庭亲子营、儿童托管营四大课程体系，以及科技、户外、水上运动、自然探索、研学旅行和滑雪体验六大主题营地课程。

总之，以“山地度假、四季精彩”为核心主题的万科松花湖滑雪度假区充分利用生态环境、地形地势等优势创新四季运营模式，提升了四季融合经营能力。在2020年第五届WSTOPS冬鼎奖评选中，荣获了“年度四季冰雪推广优秀企业”和“年度最佳四季运营雪场”的称号，成为国内冰雪企业四季融合运营的典范。四季融合发展既是冰雪企业实现可持续发展的必由之路，也是冰雪经济融合发展的主要途径之一。如今的万科松花湖滑雪度假区，正在努力打造中国山地度假新地标，进一步满足不同群体运动及度假休闲的新需求。

第5章　冰雪经济与社会融合发展

2015年，中国成功申请并获得第24届冬奥会举办权，发展冰雪经济逐渐成为国家战略，国家先后颁布了《发展规划》《建设规划》和《普及计划》，为冰雪经济发展制定纲领、指明方向，助推冰雪经济发展。吉林省地处冰雪黄金纬度带和东北亚冰雪核心资源区，具有得天独厚的资源优势、地缘优势和多年开发冰雪资源的先发优势，吉林省冰雪经济必将迎来发展的黄金时期。在这种背景下，如何实现冰雪资源与政治、文化、生态、教育、科技等相关因素融合发展，成为吉林省冰雪经济创新发展的重中之重。

5.1　冰雪经济融合发展的制度基础

5.1.1　冰雪经济国家发展战略

成功申办冬奥会，已成为中国冰雪运动和经济繁荣发展的新契机。在新形势下，国家及地方政府相继出台多项政策支持冰雪产业发展，冰雪经济发展战略逐渐上升为国家经济发展战略。2016年以来，国家发布了多项政策文件，支持助推冰雪经济发展。其中，2016年出台的政策最多，《全民健身计划（2016—2020年）》鼓励各地建设冰雪场地，发展冰雪产业。《发展规划》着重强调向社会普及和推广冰雪运动并扩大冰雪产业的规模，《建设规划》提出了冰雪场地配套设施与环境的建设目标，《普及计划》指出为满足群众的冰雪运动需求，要抓紧建设场地设施、丰富体育赛事活动、建立体育协会，力求让更多的群众参与到冰雪活动当中，从而提升国民的健康水平。此外，《普及计划》提出在着重发展华北地区和东三省的同时，跨越时空障碍，助推其他区域联动发展，构建一体化模式，形成全面发展的新格局；2018年，《带动“三亿人参与冰雪运动”实施纲要（2018—2022年）》（简称《实施纲要》）推动实施冰雪运动“南展西扩东进”战略，使冰雪运动覆盖全国各个城市，尽快实现“带动三亿人参与冰雪运动”的目标；2019年，《发展意见》提出“冰雪产业规模持续扩大，产业结构逐渐完善，产业链条延伸扩展”的阶段性发展目标。

随着国家出台一系列的冰雪经济发展战略，发展冰雪经济成为全面落实新时代中国特色社会主义理论的具体体现，也是建设冰雪运动强国的必然要求。为落实国家各类冰雪发展政策，各地方政府充分响应国家倡导，依据各省份地区的自身情况，出台了地方性冰雪产业发展政策，为中国冰雪产业的蓬勃发展助力。冰雪资源丰富的东北地区和华北地区都颁布了多个地方性文件，借助当地的优势和特点，对冰雪产业的未来发展方向进行了全面规划，并出台了具体实施细则和相关配套措施。例如：北京市出台了《关于加快冰雪运动发展的意见（2016—2022年）》和《关于支持北京市校园冰雪运动发展项目管理办法（试行）》、河北省发布了《河北省冬季运动发展规划（2015—2022年）》和《关于支持冰雪运动和冰雪产业发展的实施意见（2017—2022年）》、黑龙江省制定了《黑龙江省冰雪装备产业发展规划（2017—2022年）》、辽宁省颁布了《关于进一步加快旅游业发展的实施意见》（2018）、内蒙古自治区编制了《内蒙古自治区冰雪运动中长期发展规划（2016—2025年）》、天津市印发了《天津市冰雪运动发展规划（2016—2025年）》，等等。

5.1.2 新一轮东北振兴战略

在市场经济发展的过程中，为计划经济做出重大贡献的东北经济发展缓慢，因此为实现东北经济的战略调整与转型、促进东北经济振兴，国家先后发布了《中共中央、国务院关于实施东北地区等老工业基地振兴战略的若干意见》（2003）和《国务院关于进一步实施东北等老工业基地转型战略的若干意见》（2009），在这些政策的推动下，东北经济开始转型升级。2012年国家再次提出“新东北振兴”，要从体制创新、经济结构转型、进一步改善民生等方面全面东北振兴。在2015年至2019年期间，国家又先后颁布了《中共中央、国务院关于全面振兴东北地区等老工业基地的若干意见》《国务院关于深入推进实施新一轮东北振兴战略　加快推动东北地区经济企稳向好若干重要举措的意见》《东北振兴“十三五”规划》和《中共中央、国务院关于支持东北地区深化改革创新推动高质量发展的意见》，这些政策为开创东北发展新局面指明了发展道路和方向。在国家出台的各项政策中，新一轮东北振兴尤其强调通过创新，以新技术、新产业、新业态、新模式，走出绿色发展之路。新一轮东北振兴中，尤其要贯彻“绿水青山就是金山银山，冰天雪地也是金山银山”的理念，充分利用东北地区的独特资源优势，推进寒地冰雪经济发展。

5.2　吉林省“冰雪经济与社会”融合发展

5.2.1　冰雪经济与政治融合发展

5.2.1.1　马克思关于经济与政治关系的经典论述

关于经济与政治关系的论述，是马克思主义哲学的重要基石。马克思在《政治经济学批判（序言）》中写道：“人们在自己生活的社会生产中发生一定的、必然的、不以他们的意志为转移的关系，即同他们的物质生产力的一定发展阶段相适合的生产关系。这些生产关系的总和构成社会的经济结构，即有法律的和政治的上层建筑竖立其上并有一定的社会意识形式与之相适应的现实基础。物质生活的生产方式制约着整个社会生活、政治生活和精神生活的过程。不是人们的意识决定人们的存在，相反，是人们的社会存在决定人们的意识。”①这一论述深刻地揭示了经济与政治之间相互影响、相互制约的关系。

5.2.1.2 冰雪政策引导冰雪经济发展

自北京–张家口冬奥会申办成功以来，中国冰雪产业进入跨越式发展阶段，国家和各省级政府出台的各项相关政策引领了冰雪产业的发展。

2016年，《“十三五”旅游业发展规划》发布，提出要大力发展冰雪旅游、支持东北等地做好冰雪旅游专项规划。《发展规划》指出东北地区应利用冰雪产业良好的发展基础，稳步推进冰雪运动发展，促进冰雪旅游、健身休闲、竞赛表演、用品制造等各产业门类协调发展。为推动群众体育运动的开展，落实“三亿人参与冰雪运动”，国家发布了《普及计划》，提出通过政府统筹、人才培养、场地供给、政策支持等方面进一步推进冰雪运动的全民普及。为促进冰雪产业发展，《建设规划》提出到2022年全国滑冰馆数量不少于650座，滑雪场数量达到800座，建成布局合理、类型多样、基本满足需求的冰雪场地设施网络。2019年3月，《实施意见》指出中国冰雪运动与世界冰雪强国相比还存在很多不足，为备战北京冬奥会、冬残奥会，要进一步深化体制改革、加强国际合作、普及群众性冰雪运动、加快冰雪产业政策研究。

上述冰雪政策性文件的颁布不仅为冰雪产业的发展提供了制度保障，还为其指明了方向。在政策的引领下，政府不仅投入了大量的财力、物力、人力发展冰雪运动，还吸引了众多资本企业进入冰雪运动行业，带动了整个冰雪产业的发展。由此可见，冰雪产业政策工具是政府促进冰雪产业平稳、持续、快速发展而采取的具体手段和方式，冰雪政策的制定对中国冰雪运动及冰雪产业的发展起到了积极推动作用。

5.2.1.3 吉林省冰雪经济政策引领

吉林省位于中国东北地区中部，地处北纬40°～46°、东经

① 马克思恩格斯选集（第2卷）［M］. 北京：人民出版社，1972：82.

121°～131°，属于典型的温带大陆性季风气候。独特的地理位置和气候特性使得这里冬季漫长、寒冷、雪量充沛，成为吉林省冰雪经济发展的最大区位和资源优势。同时，源远流长的满、蒙、朝冰雪文化为冰雪经济发展奠定了坚实的文化基础。此外，吉林省也具有开展冰雪运动的先发优势，吉林市组建了全国第一支滑雪运动队，通化市建有国内第一座具有国际水平的竞技滑雪场，并在此举办了第一届全国滑雪运动会。具备资源优势、地缘优势和先发优势的吉林省在国家冰雪经济发展战略和新东北振兴的背景下，开始大做“雪文章”，自2016年以来出台多项政策，促进冰雪经济发展。

2016年9月，《关于做大做强冰雪产业的实施意见》的印发，成为中国第一部地方政府出台的做大做强冰雪产业的实施意见，也是第一部全面系统阐释冰雪旅游产业的文件。吉林省的实施意见从做强冰雪核心产业、壮大冰雪关联产业、增强冰雪产业支撑三大方面，创新性地提出以人为本、改革创新、产业联动、保护开发、四季融合、全域发展的“六大理念”。吉林省把冰雪产业列入了战略发展目标，采取高位推动、政策驱动、项目带动、产业联动、营销促动的多方联动机制，提出冰雪产业十大工程，包括冰雪体育基础、冰雪文化引领、冰雪旅游壮大、冰雪装备制造突破、冰雪交通畅通、冰雪人才培养等。到2020年，建成以“冰雪旅游、冰雪体育、冰雪文化”为核心的“3+X”冰雪全产业链，使冰雪产业成为吉林省经济发展新的战略增长点。2018年10月，《吉林旅游“冰雪令”》出台土地政策、扶持政策、奖励政策、惠民政策、补贴政策、支持政策、监管政策7项务实举措，推动冰雪旅游发展。2019年1月，《关于加快发展健身休闲产业的实施意见》提出以冰雪健身休闲产业为特色，发展四季健身休闲产业。上述政策显示，吉林省的未来经济发展除了发挥原有的产业优势之外，还将依托冰雪资源，走出一条经济创新发展之路。

任何经济想要实现迅速发展都离不开政府的科学规划和政策支持引导，冰雪经济同样如此。吉林省应在现有冰雪产业政策的基础上，进一步制定促进冰雪产业共融发展的政策，构建冰雪产业发展新格局，进而为发展吉林“白色经济”提供良好的政策实施环境。

5.2.2 冰雪经济与文化融合发展

5.2.2.1 马克思主义的文化观

有学者考察，文化的定义有200余种。从广义上说，“文化是人类在生产生活实践中经过长期累积而产生的一切精神和物质财富之和，是人类实践活动中的一切现实和思想产物。”[①]从狭义上说，文化是与意识生产直接相关的人的意识生活和意识成果。[②]马克思主义的文化观从唯物的、辩证的、科学的角度出发，认为经济与文化及其活动是人的实践活动不可分割的两个方面，它们共生互动、双向建构，共同致力于人的全面发展和社会的总体进步。从经济与文化的关系看，经济为文化的发展提供物质基础，文化为经济发展提供精神支持，两者之间相互促进、相互约束。

5.2.2.2 吉林省冰雪经济与文化关系

从吉林省的冰雪经济发展看，冰雪文化早已深深融入冰雪经济的运行之中。冰雪经济与冰雪文化从最初的互相独立、补充，再到相互促进，文化成了一种资本，甚至是最高层次的生产力，推动经济持久运行。冰雪文化对于冰雪产业的作用明显，冰雪文化资源的开发和利用有利于冰雪产业结构的升级调整，这是东北经济振兴的新的经济增长点，也是知识经济时代冰雪经济发展的必由之路。

5.2.2.3 吉林省冰雪文化内涵

冰雪文化是指人类在冰天雪地环境里从事社会实践过程中所获得的物质生产能力、精神生产能力和以冰雪为载体创造的物质财富与精神财

---

① 杨森.中国马克思主义文化观的实践、创新与发展[J].山东省社会主义学院学报，2020(02)：68-74.

② 郭建宁.文化发展与社会进步[J].长沙水电师院学报(社会科学版)，1992(04)：78-83.

富的总和，[①]其具体内容包括饮食、服饰、建筑、交通、渔猎、体育、艺术、民俗、经贸、文学、旅游、文化教育、文化研究、文化展览、新闻报道等，核心还是冰雪自身特质带给人们的精神追求。吉林省的冰雪文化历史悠久、具有丰富多元的民族特性，其内涵包括冰雪体育、冰雪艺术、冰雪文学、冰雪民俗、冰雪礼仪等众多元素。

1. 吉林冰雪民俗文化

东北人民在抵御严寒的过程中，探索生产技术与方法、不断积累经验，最终演化为冬捕、冬狩等民俗活动。近年来，吉林省各地在冬季都开展滑雪、短道速滑、冰壶、冰球、冬泳、雪橇、狗拉爬犁、雪上摩托等活动，这些具有地域特色的冰雪活动很大程度上是依据东北特有的冰雪民俗发展起来的。吉林省汉、满、蒙古、朝鲜、回等多个民族形成的黑土地文化、草原文化、游牧文化、渔猎文化，都在东北冰雪民俗中有所体现。其中，萨满的雪祭文化最具代表性，其作为满族原始的祭奠仪式，主要包括敬雪、拜雪、因感恩而娱雪、惠祭雪神，表达了人们对于雪的感激、热爱、感恩之情，体现了人与自然之间浑然一体的精神境界。

2. 吉林省冰雪竞技文化

在丰富的冰雪民俗文化影响下，吉林省的滑冰、滑雪、冰球、冰壶等冰雪竞技运动开展较早，居于全国领先水平。近年来，吉林省在运动员培养等方面取得了可喜成绩，连续举办了第六届亚洲冬季运动会和第八届、第九届、第十二届全国冬运会以及全国大众高山滑雪冠军赛等百余项国际国内大型冰雪体育赛事和活动，为国家培养出李坚柔、武大靖、周洋等大批冰雪运动优秀竞技人才。

3. 吉林省冰雪艺术文化

冰雪艺术分为静态冰雪艺术和动态冰雪艺术两大类。静态冰雪艺术包括冰雪雕塑、冰雪建筑等艺术景观，具有独特的观赏价值和旅游开发价值；动态冰雪艺术涵盖音乐、舞蹈、影视等表演形式，《阿里郎花》

① 王景富. 冰城冰雪竞妖娆——哈尔滨冰雪文化的巨大作用［J］. 学理论，2009（1）：87-92.

《梦回乌拉》《满韵清风》《查干湖》和《长白风情》等歌舞话剧，将冰雪文化元素与吉林本土特色完美融合，为吉林省打造独具一格的旅游文化品牌。

吉林省冰雪民俗文化、冰雪竞技文化和冰雪艺术文化三者互相依存、相互促进。其中，冰雪民俗文化是吉林省区别于其他冰雪地区的文化符号，是吉林省冰雪竞技文化和艺术文化发展的文化根源。冰雪竞技文化是吉林省冰雪经济发展的基础和支撑。冰雪艺术文化是在冰雪竞技文化和民俗文化基础上建立起来的形式各异的艺术成果，是带动冰雪旅游的重要力量。

5.2.2.4 吉林省冰雪文化助力冰雪经济发展

近年来，吉林省依托独具地域特色、民族特色、历史文化特色的冰雪文化，冰雪经济发展初见成效。长春、吉林、延吉、松原等城市已成功开展冰雪节、旅游节等一系列冰雪文化活动，文化元素与经济的融合提高了吉林省冰雪市场的竞争力。仅以冰雪旅游为例，2018—2019年雪季，吉林省内各地重点自然风光类景区共计接待游客数363.50万人次，重点雪场接待游客294.9万人次，同比增长21.46%；实现营业收入超过9.70亿元，同比增长25.26%。同时，在冰雪旅游带动下，各地区重点民俗文化景区单位共计接待游客数量274.08万人次。[①]

吉林省冰雪经济与文化的共融发展还处于初级阶段，在国家冰雪经济发展战略下，未来吉林省也要抓住“冬奥经济”发展时机，通过不断创新，促进经济与文化共融发展。首先，需要政府部门在冰雪文化方面起到引导方向、规范秩序的作用，加强各部门间的沟通与协作，倡导社会参与，为冰雪文化产业提供资源和支持。其次，构建一体化的冰雪文化与资源体系，丰富冰雪文化内容，打造具有地方和民族特色的冰雪文化。最后，建立冰雪文化博物馆和冰雪文化公共事业服务平台，充分利用数字化技术和新兴科技，将冰雪文化更好地向民众宣传与展示。

---

① 曹友竹.做好冰雪产业这篇大文章[N].吉林日报，2019-12-18(013).

5.2.3 冰雪经济与自然生态融合发展

5.2.3.1 马克思主义生态观

马克思主义生态观的主要思想是人与自然的和谐，即人与自然和谐相处，人与自然相互依存。关于人与自然的关系，马克思指出，“社会化的人，联合起来的生产者，将合理地调节他们和自然之间的物质变换，把它置于他们的共同控制之下，而不让它作为盲目的力量来统治自己；靠消耗最小的力量，在最无愧于和最适合于他们的人类本性的条件下来进行这种物质变换。”[①]这段论述深刻揭示了人和自然的辩证关系，强调人的经济行为必须以尊重自然规律为前提，将保护生态环境作为先决条件，只有如此，才能实现资源可持续性利用。

2.3.2 生态文明与经济可持续发展的关系

在中国改革开放初期，工业化进程加速，单纯追求经济发展付出了沉重的代价，主要表现在可持续发展资源短缺、环境污染严重、生态系统退化等。2012年之后，“尊重自然、顺应自然、保护自然”生态文明理念的提出，国家更加注重合理开发利用资源，发展经济的同时建设良好的生态环境，强调现代经济社会的发展必须建立在生态系统良好循环的基础之上，将生态文明建设融入经济、政治、文化、社会各方面建设和全过程，构建了中国“五位一体”的建设新格局。所以，建设生态文明就是发展生产力，就是促进经济社会全面进步。[②]

由此可见，经济与生态环境间的良性互动，使得经济效益和生态效益最大化，从而真正实现经济与生态互利共赢，这是经济与生态之间关系的核心和本质，也是经济发展努力追求的目标。

5.2.3.3 吉林省冰雪生态与冰雪经济

吉林省的冰雪产业发展得益于自身优越的自然生态环境，土地和森

---

① 马克思恩格斯全集（第25卷）[M]. 北京：人民出版社，1975：926.

② 赵永新.生态文明建设与经济可持续发展[C].中国环境科学学会.2014中国环境科学学会学术年会（第一章）.中国环境科学学会：中国环境科学学会，2014：45-47.

林面积广阔，地形多以山地丘陵为主，省内各大滑雪场都是依山而建，具有完整的山坡面。从地理位置看，吉林省地处北纬40°～46°和东经121°～131°之间，与欧洲阿尔卑斯山脉和北美的落基山脉同处于“冰雪黄金纬度带”。从气候条件看，吉林省属于北半球温带季风性气候，每年的冰雪期是11月份到次年的3月份，是世界三大“粉雪”基地之一，倍受冰雪运动者喜爱。

面对得天独厚的自然环境，吉林省如何在生态文明的理念下发展冰雪经济，成为政府要攻克的难题。“金山银山就是绿水青山，冰天雪地也是金山银山”，“保护生态环境就是保护生产力，改善生态环境就是发展生产力”，“生态环境没有替代品，用之不觉，失之难存”，“要加强生态文明建设，划定生态保护红线，加大环境治理力度，为可持续发展预留空间，为子孙后代留下天蓝、地绿、水清的美好家园。”①等生态文明思想充分证明：人与自然的关系是伙伴关系，只有处于和谐关系中，才能各得其所，各有发展。但也要认识到“良好生态环境是东北地区经济社会发展的宝贵资源，也是振兴东北的一个优势，要把保护生态环境摆在优先位置，坚持绿色发展”②的生态价值。

因此，在马克思主义生态观的指引下，冰雪经济发展与生态环境保护的融合是必然趋势。绿色理念下的冰雪经济发展就是在发展冰雪经济之初考虑生态环境保护，从产品研发、设计到材料的选择，再到生产制造、管理经营、回收利用、信息反馈，都将生态环境保护作为必需条件和基本原则。因此，冰雪经济以天然的冰雪资源为依托，只有保护好、利用好这座天然宝库，才会在未来发展中真正实现人与自然的和谐共生。

---

① 东北网. 牢记总书记嘱托·龙江实践（生态环境篇）美丽答卷，书写在青山绿水间[EB/OL].（2019-3-12）［2021-01-30］. https://baijiahao.baidu.com/s?id=1627789094892935540&wfr=spider&for=pc

② 孙启明. 关于东北振兴，习总书记如何谋划——全方位振兴东北的五大战略［J］.人民论坛，2018（35）：76-78.

5.2.4 冰雪经济与教育融合发展

5.2.4.1 马克思主义教育观

马克思认为人的劳动能力是经济增长的决定性因素，而劳动能力的提高依靠教育与训练，强调“要改变一般的人的本性，使他获得一定劳动部门的技能和技巧，成为发达的和专门的劳动力，就要有一定的教育和训练。”①从这个意义上看，教育可以生产劳动能力。所以，经济的发展离不开国民教育的不断提升，国民受教育程度和水平是现代化生产的基本保障，为国民经济的持续增长提供了坚实的基础。

列宁也高度重视高素质人才对社会劳动生产率的促进作用，指出：“同提高文化教育相关的实际任务，应当成为一个中心，围绕它来开展我们的教学和训练工作。把文化和知识的普遍提高同迫切的经济需要联系在一起。”②可见，注重教育对于经济建设的重要意义，不但表现为能提高人民的思想素质和政治素质，而且能推动社会生产的发展，提高经济效益。

5.2.4.2 教育与经济发展的关系

教育的本质是培养人才、开发人力资源、发展人的智能，从而带动生产力的提高。由此可见，教育与经济之间相辅相成、彼此促进。一方面，经济可以为教育的发展提供物质支撑。另一方面，教育为经济发展提供强大助力。具体表现为，经济的发展决定教育的规模、速度、人才规格和教育结构、制约着教育的内容、方法、手段和组织形式。同时，教育通过再生产劳动力、再生产科学知识来促进经济的发展。

5.2.4.3 吉林省冰雪教育的发展

2015至2022年是中国政府积极举办第24届冬奥会的关键时期，也是加快吉林省冰雪运动产业发展的重要机遇期。这一时期，吉林省冰雪经济要实现跨越式发展，需要大量的可以应用专业的冰雪理论和知识来解

---

① 马克思恩格斯.马克思恩格斯全集［M］.人民出版社，1960：223.

② 列宁全集（第2版）（精）［M］.人民出版社，2013：359.

决管理、技术、服务等方面实际问题的高层次应用型人才，具体包括冰雪场馆技术保障人才、冰雪运动专业指导人才、冰雪赛事专业人才、冰雪场地医疗救助人才、冰雪市场研发人才和冰雪管理人才等。从目前中国冰雪经济的发展看，冰雪人才缺乏已成为不争的事实。有学者预测，到2025年，随着全国雪场数量达到1500余家，数以千计的庞大的滑冰馆建成，冰雪专业人才包括冰雪运动员和教练员、冰雪机械操作、冰雪场馆运营、冰雪器具维护维修人才等缺口将达10万人以上。①

为此，吉林省如何解决冰雪产业高质量发展中面临的人才短缺现实，成为亟须解决的问题。2016年，《关于做大做强冰雪产业的实施意见》提出加强冰雪教育培训，依托学校构建冰雪人才体系，建设“中国冰雪教育培训中心”的人才培养目标。要实现这个目标，就应该充分发挥学校在冰雪教育培训上的主体地位，发挥传播冰雪运动知识、普及冰雪运动、培养和储备冰雪运动竞技人才主要阵地作用。所以，吉林省应在大中小学校、各类体校、体育学院中大力开展冰雪教育培训，使各类学校成为冰雪人才培养的基地。2018年，200所中小学校配备了冰雪运动教学设施设备器材，更多的青少年和儿童体验到了冰雪运动的乐趣，增强了冰雪运动意识，更多地参与冰雪运动。高等院校作为高级冰雪人才培养的基地，应着力做好教练员、运动员的学历教育、培训和进修。吉林大学、东北师范大学、吉林体育学院、北华大学冰雪学院等开设了冰雪产业相关专业，利用自身多学科优势，培养冰雪复合型人才。此外，除了专业的冰雪人才培养，高校还可以选送优秀人才到国际高水平教育机构进修，也可以邀请国际冰雪专业人才来做短期培训。这样，以国内和国际、长期和短期相结合的冰雪人才培养策略逐步破解吉林省冰雪人才短缺的困局。

---

① 王锥鑫. 我国冰雪运动竞技人才储备与发展路径研究［J］.南京体育学院学报（社会科学版），2017, 31（02）：82-87.

5.2.5 冰雪经济与科技融合发展

5.2.5.1 马克思主义科技观

科技包括科学和技术，前者指人类探究物质世界自然规律的知识体系，后者则是应用科学的理论和方法解决实际的问题。马克思认为，科学和技术是统一的，都是人的本质力量对象化。①从科技与社会关系看，科学是一种在历史上起推动作用的、革命的力量。②自然科学推动生产力的发展，改造人的生活并解放人，技术推动生产关系的变革，它是社会发展的重要标志。邓小平也曾明确地提出："科学技术是第一生产力。"③在中国特色社会主义建设新时代，"科技兴则民族兴，科技强则国家强。实现'两个一百年'奋斗目标，实现中华民族伟大复兴的中国梦，必须坚持走中国特色自主创新道路，面向世界科技前沿，面向经济主战场，面向国家重大需求，加快各领域科技创新，掌握全球科技竞争先机。这是我们提出建设世界科技强国的出发点。"④

5.2.5.2 科技进步与经济发展的互动关系

在新经济时代，科技是影响经济发展的决定性因素，其作为解放和发展生产力的重要基础和标志，是经济增长的力量源泉。发展经济首先要发展科学技术，发展科学技术就要发展生产力。可以说，经济的繁荣和社会的进步都依赖于科学技术的发展，科学技术已然成为国家强盛、民族振兴的关键要素。为此，一个社会的科技进步与经济发展是共生共荣、相互促进和互为因果的有机整体。科技进步对人们的生产生活方式产生直接影响，能加快经济发展的步伐；反之，国家也会随着经济的崛

① 张明国.马克思主义科学技术观概述［J］. 洛阳师范学院学报，2017，36（10）：1-7.

② 马克思恩格斯文集：第3卷［M］. 北京：人民出版社，2009：602.

③ 人民网. 十三届三中全会关键词：科学技术是第一生产力［EB/OL］.（2013-11-06）［2021-09-30］. http://politics.people.com.cn/n/2013/1106/c70731-23449619.html.

④ 新华网，2016年5月30日在全国科技创新大会、两院院士大会、中国科协第九次全国代表大会上的讲话［EB/OL］.（2016-05-30）［2021-09-30］http：//www.xinhuanet.com/politics/2016-05/30/c_1118956522.htm. 2016/05/30.

起，对科技加大资金的投入，进而为科技发展提供坚强的后盾，同时伴随着产业结构的调整，现实对技术革新的需求变化也会推动科技的持续发展。因此，应该清晰地看见科技进步与经济发展相互之间的关系，并促进二者互联互动、共赢发展。

5.2.5.3　吉林省冰雪科技创新与应用

当前，在吉林省响应国家冰雪经济发展战略背景下，大力发展冰雪科技，以科技促进冰雪产业创新发展已经成为社会发展的必然趋势。科技创新不仅是中国冰雪产业发展的动力之源，更为吉林省冰雪产业的升级提供保障，也是实现冰雪产业快速健康发展的必由之路。《关于做大做强冰雪产业的实施意见》提出以科技创新实现冰雪装备制造业国产化，谋划推进吉林冰雪体育产业园区建设。2017年，《工业“十三五”规划》提出推动冰雪装备发展，积极引进国内外先进技术，鼓励省内企业自主研发冰雪装备。目前，吉林省正依托国家级碳纤维产业基地，谋划建设装备制造产业园，形成装备制造基础和技术优势，为发展冰雪装备制造业提供强有力的支撑。

5.3　案例分析——吉林市冰雪经济融合发展探讨

进入新的发展阶段，中国社会经济发生了重大变化，物质生活水平提高了，人们对精神文化生活的需求越来越强烈，健康、休闲和文化旅游消费成为必然趋势。2014至2016年，国家先后发布《关于加快发展体育产业促进体育消费的若干意见》和《关于加快发展健身休闲产业的指导意见》，强调完善健身休闲体系，着力发展冰雪、山地、水上、航空等户外运动产业。同时指出，以东北、华北以及西北这三大地区为核心，带动大众滑雪、滑冰以及冰球等冰雪运动项目的发展，进一步落实冰雪“南展西扩”的发展战略，推动中国冰雪运动的可持续发展。《普及计划》《建设规划》以及《发展规划》的相继出台，进一步细化了上述政策内涵，更具有指导性。《发展规划》强调建立以冰雪旅游为驱动的冰雪运动体系，建设一批包括滑雪、登山、徒步、露营等健身休闲活动为一体的体育旅游中心或度假区，进而深入推动冰雪产业发展。为落实这些政策，抓住国家支持东北地区深化改革创新、推动高质量发展的战略机遇，打通冰天雪地向金山银山转化的实践通道，吉林省政府于2020年上半年设立了冰雪经济高质量发展试验区，有效促进了吉林冰雪经济的融合发展。

5.3.1 吉林市基本区位分析

自然地理区位：吉林市地处东北地区吉林省中部，东北腹地长白山脉，长白山向松嫩平原过渡地带的松花江畔。城市群山拥抱、江水环绕，营造了“四面青山三面水，一城山色半城江”的美景。在市区东南部，丰满水电站建在松花江上游，形成了松花湖，被评为国家级旅游景区，冬季形成的雾凇也被誉为中国四大气象奇观之一。吉林市的气候为大陆性季风气候，年平均气温3.9℃，1月气温最低，一般在-18℃～-20℃之间；7月气温最高，一般在21℃～23℃之间。年平均降雨量为650～750毫米，年日照时数一般在2300～2500小时。[①]春干少雨、夏温多雨、秋高凉晴、冬冷多雪的气候环境，赋予吉林市冰雪旅游天堂和避暑胜地的美誉。

经济地理区位：吉林市作为吉林省规模排名第二的城市，是国家甲级开放城市、产业升级转型第一批示范区和国家级创新城市，已经积累了较为雄厚的工业基础。“十三五”期间吉林市GDP增长率达到了2.3%，上规模工业GDP年增长达到了 3.3%，全口径财政收入占GDP 比重达到20.8%。作为国家级生态文明示范区，建成了多个生态绿道，成功入选第二届中国营商环境特色50强城市，组建了国家级首个跨境电商综合试验区，获批建设国家城乡融合发展试验区长吉接合片区。

历史文化区位：吉林市是中国唯一省市同名的城市，至今已有4000

① 吉林市简介.央视网［EB/OL］.（2013-09-06）.http://news.cntv.cn/2013/09/06/ARTI1378456120410888.shtml.

多年，是“历史文化名城”，先后荣获魅力城市、园林城市、优秀旅游城市、文明城市先进单位、最值得向全球介绍的名城等多个荣誉。原名“吉林乌拉”，满族语的意思是“沿江的城池”，公元前2100年及尔后很长一段时期，人们将吉林市称作“吉拉尔”，是东部地区和长春地区互动交往规模最大的驿站所在地。历经元朝的地区经济和政治中心、明朝永乐七年的船只制造和生产基地，从清康熙十年至十五年，吉林市发展成为清政府统辖松花江、乌苏里江、黑龙江等流域的重镇和地区政治、经济和军事中心。从雍正五年永吉州、乾隆十二年吉林厅到清光绪七年吉林府，直至民国时期，吉林市仍为吉林省政治、经济、文化中心。解放后，吉林省政府从延吉市迁至吉林市，1954年9月27日，由吉林市迁往长春市。1980年，撤销吉林市革命委员会，恢复吉林市人民政府。①

5.3.2 吉林市冰雪经济现状分析

近年来，吉林冰雪产业多业态呈现出蓬勃发展的良好趋势。北大湖冰雪度假小镇和冬奥村等9个项目开工、复工建设，总投资51.4亿元。2021年，万科松花湖度滑雪假区扩建项目正式签约，总投资100亿元。②永吉县建设了5A级双顶子滑雪小镇旅游景区，冰雪装备产业园配套基础设施一期工程建设已经完工。北大湖开发区作为2022年冬奥会冰雪项目培训基地，承办了“2021迎冬奥环球跨年冰雪盛典”多个会场活动。2020年雪季，吉林市人民政府出台各种普及冰雪运动的惠民政策，冰雪经济呈现出增长态势。北大湖、万科松花湖度假区接待冰雪游客均突破27万人次，增长率分别达到了56% 以及25%，旅游收入增长率分别达到了26%以及43%③。

① 吉林历史.百度文库［EB/OL］.（2021-9-23）.http：//www.wutongzi.com/a/153055.html.

② 吉林市人民政府工作报告.吉林市政府网［EB/OL］.（2021-01-19）［2021-09-30］http：//www.jlcity.gov.cn/jlszf/20zfgzbg/2020gzbg/202101/t20210119_925664.html.

③ 吉林市人民政府工作报告.吉林市政府网［EB/OL］.（2021-01-19）［2021-09-30］http：//www.jlcity.gov.cn/jlszf/20zfgzbg/2020gzbg/202101/t20210119_925664.html.

5.3.2.1　冰雪资源

吉林市位于北纬42°～44°之间的冰雪黄金纬度带，是世界三大冰雪粉雪基地之一，具有极为优越的自然冰雪条件。吉林市境内有12座滑雪场，主要包括北大湖滑雪场、万科松花湖滑雪场、吉雪滑雪场、北山四季越野滑雪场、朱雀山滑雪场、北山滑雪场等。

（1）北大湖滑雪场

北大湖滑雪场作为吉林市最知名的滑雪场地，同时也是中国自然资源、滑雪设备以及建设规模等最好的一档滑雪场地，积雪深而且质量好，雪道总长度约30公里。这里有国际标准高山雪道13条、越野滑雪道2条，还有1座冬季靶场、1座K90跳台、1座K50跳台和1条长度达到了10千米的环形越野雪道。高山雪道主要分成3个级别，雪道高度差最大超过了870米。雪场配套设施完备，有7条滑雪索道，1条拖牵，总长度超过了1万米。还有37台美国产造雪机，造雪管线全长10公里，造雪面积达50公顷。雪场内有1座单板公园、1座达到世界标准要求高水平的单板U型槽公园，还有1座旱地雪橇滑道，至少2000具滑雪用具，每天至少可以接待6000名游客。

北大湖滑雪场是中国第一批荣获4A级荣誉的旅游风景区，也是国家冰雪运动训练的重要基地和冰雪旅游的大型运动中心。滑雪场的面积达到了17.5平方千米，区域内有9座海拔超过1200米的山峰，南楼山作为其主峰海拔高度达到了1400米以上，3条高山雪道分布在南楼山和大顶子山。1号雪道修建在南楼山北侧区域，最窄处约30米，最宽处约60米，总长超过了3400米，坡度均值约14°，高差达到了850米。2号雪道修建在南楼山西南侧区域，最窄处约20米，最宽处约30米，长度达到了3300多米，高差最大达到了534米，坡度均值约为10°。3号雪道设计成回转形状，修建在大顶子山侧面，宽度约50米左右，坡度约22°，总长约1300多米，高差约500米。

北大湖滑雪场自然条件较为优越。坡度较小，基本上没有坡度较大、危险系数较大的悬崖峭壁等区域。初雪期一般在10月下旬，终雪在4

月下旬，积雪深度可达1.5米。主峰作为核心向四处发展多条水系，常年流水的山泉有6处，年均降雨量约670毫米，能够满足人工造雪的需求。

（2）万科松花湖滑雪场

滑雪场在丰满区旅游经济开发区，位于青山脚下的松花湖畔，是中国知名的滑雪场之一。雪场与市区距离20千米，乘车只需40分钟左右路程，年均冰雪周期至少达到150多天。由于松花江绕城段终年不结冰，形成大量水汽，在青山区及毗邻城区冷凝转化成为霜，覆盖滑雪区，滑雪线路每天都会铺上一层新雪。半山腰以上雪厚可达1米多，[①]滑雪爱好者络绎不绝，2017—2020年连续四年游客接待量全国领先。

滑雪场地的整体形态呈V字状，覆盖面积达到了250公顷。大青山海拔高达934.2米，山尖与山底落差671米，滑雪面积至少有175公顷，能够同时满足 8000人的滑雪运动需求，承办了国家级冬运会（第六届）。滑雪场现有6条雪道（设3条索道），分为中级、初级、越野滑雪和跳台等，能够满足不同程度旅游滑雪者的需要。长达1800米的载人索道，跨越茫茫林海，坐在索道上能够俯瞰全市面貌。[②]

松花湖滑雪场的雪道宽度约50米，长度约3千米，坡度最大达到32°，均值为15°，不仅距离长而且笔直、平缓，视野宽阔，能够满足运动员开展大小回转训练以及快速滑雪训练和多种赛事。此外，雪场还修建了宽度约4米总长约5000米的环形越野雪道，其中半条雪道一直延伸到丛林之中。1986年时，遵从国际标准修建了50千米的一座跳台，1981—1986年期间建成了可以载人的3条索道。从起点到山顶只需15分钟，客运能力达到了120人/小时。滑雪场还有2条高山滑雪道，长度总计约3千米，共有初级路线、中级路线以及高级路线。1992年，建设了配套设施设备比较完善的综合雪上乐园；同时，这里还有50千米滑雪跳台、5千

---

① 松花湖滑雪场.百度百科［EB/OL］.（2021-9-23）.https：//baike.baidu.com/item/松花湖滑雪场/8956068?fr=aladdin.

② 松花湖滑雪场.百度百科［EB/OL］.（2021-9-23）.https：//baike.baidu.com/item/松花湖滑雪场/8956068?fr=aladdin.

米长的越野滑雪道、现代两项射靶场。景区范围之内除了滑雪运动的相关设施之外，还有许多娱乐设施，比如雪橇、雪地摩托以及马拉爬犁等（郝小芳，2016）。

（3）吉雪滑雪场

吉雪滑雪场与法国MND（Montagne et Neige Developpement 山地和雪地开发）集团强强联手打造“中国雪场，欧洲血统，吉林雪场，法国制造”的高品质滑雪场，区域总面积约40万平方米，级别不同的多种雪道共计13条，滑雪场从意大利和法国引进了先进的平整车和造雪技术，以及世界顶尖滑雪器材。雪道坡度最大可以达到33度，同时建有猫跳场地、儿童娱雪公园、雪圈乐园，满足各种滑雪爱好者的需求。①

（4）北山四季越野滑雪场

为推动中国冰雪运动跨越式发展，国家大力支持地方政府，改造吉林北山原有人防工程，建立了四季越野滑雪场，有效解决了越野滑雪、冬季两项等运动训练场地设施不足问题。滑雪场处在市船营区北山旅游区的地理范围之内，原人防工程修建于1965年，从1971年开始，一直到1984年完成了项目改造，总建筑面积25244平方米，总使用面积19425平方米，总延长米为1.8公里，目前雪场暂不对外开放。②

（5）朱雀山滑雪场

滑雪场位于丰满旅游经济开发区，距离吉林市约11千米，滑雪运动人员可以做各种雪橇车进入场地（任桐，2012）。雪场的滑雪道长200米、宽50米，适合初级滑雪者；雪橇场地宽度和长度分别约30米和150米，主要满足娱乐休闲活动需求。大门入口区域有面积约7000平方米大小的人工湖，冬季湖面结冰之后也可以举行冰上娱乐活动。游客可以在场地内堆雪人、滑冰以及玩冰陀螺等；雪道东侧有一座狩猎场地，总面积约4000平方

① 东北第一滑雪圣地，吉林市九大滑雪场嗨翻整个冬日.新浪网［EB/OL］.（2019-02-09）［2021-10-8］https：//k.sina.cn/article_6401543647_17d8fcddf001003wzd.html.

② 北山四季越野滑雪场.百度百科［EB/OL］.https：//baike.baidu.com/item/北山四季越野滑雪场/20797722?fr=aladdin（2021-9-23）.

米，游客还可以打猎。每年冬季，滑雪场接待游客约3万人次。

（6）北山滑雪场

滑雪场位于北山旅游经济开发区，是一座专门开展冰雪类娱乐活动的综合性场所。滑雪场内有滑雪道3条、爬犁雪道2条、索道3条，还有游泳池、停车场以及综合楼等多种辅助设施，同时内有多种冰雪景观可供游客拍照。[①]滑雪场内可以开展多种运动项目，主要有雪橇、雪地摩托、索道滑雪、马拉爬犁、冰陀螺、滑冰以及冰滑梯等。场地内有2条滑雪雪道，其中1条是初级雪道，总长约80米；另1条是速降雪道，总长约206米，这里还设有直接联通坡顶的索道（拖牵式）。滑冰运动场地四周的总长度约635米，主要包括内外2个运动滑道，分别为自由滑道和速滑滑道。在儿童运动区还设立了耙犁和雪上飞碟等项目，明亮的灯光能够满足夜间运动需求（任桐，2012）。

5.3.2.2 冰雪旅游

吉林市冰雪资源丰富，较早建设的滑雪场是北山冰雪大世界，也是国内较早的滑雪场之一（康意春等，2005）。由于地理位置、交通设施等原因，冰雪旅游者以吉林地区居多。随着国家越来越重视发展冰雪运动，尤其是北京成功申办冬奥会之后，冰雪旅游在吉林地区迅猛发展。2021年1月5日，中国冰雪旅游发展论坛在吉林市举行，中国旅游研究院发布了《中国冰雪旅游发展报告（2021）》，吉林市名列“2021年中国十佳冰雪旅游城市”，松江赏雾凇入选“中国十大冰雪经典”；2020年公布的“2020年中国冰雪旅游十强城市”，吉林市亦跻身十强，还获得了2020年全国“冬游名城”的荣誉。

（1）滑雪玩雪游客增长迅猛。统计数据表明，2020—2021年雪季全市接待游客达到了1800万人次，旅游行业的收入规模达到了310亿元，5家主要滑雪场接待游客达到了76.31万人次，对比前一年度雪季增长了至少29%，实现收入2.47亿元，同比增长34%（吉林雾凇台，2021-03-

---

① 北山滑雪场.百度百科［EB/OL］.https: //baike.baidu.com/item/北山滑雪场/1750481?fr=aladdin（2021-9-23）.

28）。2021元旦期间，全市接待的游客达到了109.19万人次，收入总规模超过了6.53亿元。春节旅游市场运营恢复短短7天时间，接待的游客达到了262万多人次，收入总规模超过了21亿元，旅游市场显著好转。北大湖滑雪度假区在2020—2021年元旦期间招待游客对比前一年增加14%，对比2018—2019雪季实现了87%的增长；营收规模对比前一年提高了19%，对比2018—2019雪季实现了75%的增长。同一时期，万科松花湖度假区共接待游客，对比前一年同期提高了41%，对比2018—2019雪季实现了35%的增长；营收规模达对比前一年同期提高了80%，对比2018—2019年同期提高了127%，如表5-1所示。

表5-1　2019—2021年元旦期间雪场经营情况

	北大湖滑雪场	万科松花湖滑雪场
2021年元旦期间接待游客人数（万人）	2.46	1.8
2021年元旦期间单日接待最多人次（人）	7000	12000
2021年元旦期间营收规模（万元）	968	1093
2020年元旦期间接待游客人数（万人）	2.16	1.41
2020年元旦期间营收规模（万元）	813	607
2019年元旦期间招待游客人次（万人）	1.32	1.33
2019年元旦期间营收规模（万元）	553	481

资料来源：2021年元旦假期旅游综述，2021-01-06.

2020—2021年雪季，北大湖滑雪度假区共接待了36万多人次游客，增长17%，酒店平均入住率达83%；万科松花湖度假区接待游客28万人次，增长26%，酒店平均入住率达86%。在客源结构方面，华东、华南地区客源显著增长，上海、广东、江苏、浙江等地客人占比提升，酒店入住人次排名如图5-1所示（2021年元旦假期旅游综述，2021-01-06）。

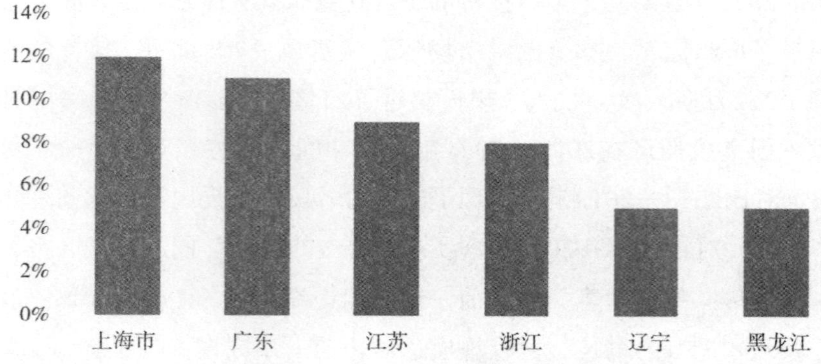

图5-1　2021年元旦吉林市酒店入住人次比例前六

资料来源：2021年元旦假期旅游综述，2021-01-06.

（2）雾凇游温泉游民俗游走俏。“吉林雾凇”作为中国四大气象奇观之一，经过多年营销，品牌影响力日益增强，每年冬季都吸引大批游客到雾凇岛、阿什哈达等雾凇核心景区观赏游玩。雾凇岛等景区也先后推出了多种民俗活动，比如满族“过大年”的民族习俗节庆活动，元旦期间平均接待2万多游客。中药温泉由于具有突出的养生价值，所以深受游客喜爱，元旦期间温泉景区平均接待了至少1万人，神农温泉接待的游客达到了3300人次。

（3）雾凇冰雪节系列活动拉动明显。以2021年为例，元旦前启动了第26届中国·吉林国际雾凇冰雪节，围绕冰雪主题，分别设计了旅游、文化、经贸以及体育等多个板块，陆续开展新年交响音乐会、松花湖冬捕节等主题活动和100余项特色活动，时间跨度持续到3月。旅行社、滑雪场以及旅游景区积极合作，推出了50多个旅游特色产品和服务，比较典型的有雪地电音节、跨年晚会、圣诞嘉年华、冰雪乐园等。12月中旬举行的《2021迎冬奥环球跨年冰雪盛典》也选择了北大湖滑雪度假区作为分会场，省一级的8个卫视栏目同步播出了元旦晚会，进一步打响了地区品牌。万科松花湖度假区还成功举行了亚洲地区第一场冬季滑雪电音节，积极融合冰雪元素以及音乐元素，有效地吸引了不同地区滑雪青年爱好者，两天现场活动的参与人次达到了3万多人。各类特色活动的开展不断引燃市场爆点，极大丰富了冬季文化旅游产品体系，营造了冰雪产业发展的良好氛围，对元旦假期吸引人流客流发挥了重要的促进作用。

（4）品牌宣传营销的效果持续凸显。坚持冰雪营销和品牌宣传常态化，积极借助各类平台，组织全市冰雪旅游企业参加北京冬博会、“坐着高铁游吉林”、第五届雪博会以及吉林省冰雪季启动新闻发布会等大型展会和重大宣传活动。在央视新闻频道和综合频道《朝闻天下》栏目，推出“雾凇之都、滑雪天堂——北国江城·吉林市”冰雪宣传片。通过腾讯网、喜马拉雅平台、今日头条、抖音以及微博等不同形式，从不同角度宣传冬季文旅产品和旅游资源，积极巩固城市影响力和冰雪运动知名度。同时，深度开发冰雪旅游产品，推出了雾凇观赏、滑雪度假等精品旅游线路，策划山地冰雪马拉松等百余项冰雪体验活动，打造“雾凇岛–二合雪乡”等全域旅游自驾线路（吉林市行，2020-12-15）。具体如下：

①专线游。规划雾凇观赏摄影和滑雪深度体验两条线路。雾凇观赏摄影专线以观赏雾凇和摄影为主，包括雾凇岛、曾通岛、阿什哈达摩崖郊野、松江中路城市段、江滨公园、长白岛、北大湖山林区、红石湖水上、白山湖九大雾凇观赏区域。滑雪深度体验专线以滑雪场体验为主，包括北大湖、万科松花湖、莲花山、五家山、鸣山绿洲、吉雪等体验地。两条线路可自由选择、随机组合，可以自驾游、乘车游，还有北大湖滑雪场、万科松花湖滑雪场多种滑雪与住宿一体度假套餐，游客根据当天气候条件和雾凇出现程度自行选择路线，可以安排1日、2日或3日游。

②一日游。根据冰雪资源分布和特点，至少可以设计7条一日游线路。雾凇岛与满族民俗博物馆线，雾凇岛赏雾凇、观鹰猎和东北大秧歌、萨满表演，品满族特色乌拉火锅，参观满族博物馆、玄天岭公园，逛清真美食一条街。长白岛和文庙线，在长白岛，了解中华秋沙鸭、花

脸鸭等濒临灭绝鸟类生活习性，拍摄人与自然和谐共处场景。在世界上最大的石陨石博物馆，听陨石雨的故事。观天主教堂，游览集佛、道、儒三教共处的北山古庙群，参观亚洲第一、世界第四的北山四季越野滑雪场，在中国四大孔庙之一的吉林文庙参观、祈福，品满族特色三套碗宴席。阿什哈达和圣鑫酒堡线，在阿什观赏雾凇、万科松花湖滑雪场体验滑雪、圣鑫酒堡品红酒，体验雪地温泉。满族博物馆和北大湖线，在满族博物馆，参观王百川居宅旧址四合院古建筑群落，活态传承保护满族说部和民居特色，赴北大湖观高山雪松、体验滑雪、戏雪，品尝吉林特色人参汽锅鸡。松江中路和圣德泉线，经松江中路观赏雾凇、天主教堂，吉林市博物馆看陨石，圣德泉亲水度假花园体验冰雪温泉，品尝正宗吉菜。雾凇岛和神农温泉线，在雾凇岛观赏雾凇、鹰猎、东北大秧歌、萨满表演，赴神农温泉体验冰雪温泉、绿色采摘，品满族特色乌拉火锅。莲花山和官马溶洞线，在莲花山滑雪场，体验滑雪、爽滑雪圈，赴官马溶洞，观赏媲美桂林七星岩的官马溶洞奇特景观和洞中洞。

③深度多日游。规划设计两条5日游线路。吉雪滑雪场、圣德泉亲水度假花园、雾凇岛、万科松花湖滑雪、吉化疗养院、二合雪乡、满族博物馆和吉林市博物馆线。吉雪滑雪场体验滑雪，参观壹田·拾光乡宿，体验圣德泉雪地温泉。雾凇岛赏雾凇、观鹰猎和东北大秧歌以及萨满表演。万科松花湖滑雪场乘坐缆车观高山雾凇、体验滑雪，在“全国劳动模范疗休养基地”——吉化疗养院体验中医保健、康复疗养。在吉林地区年降雪量最多的村落——二合雪乡，赏雪、戏雪、体验关东民俗，参观俄罗斯风情南阳小镇。参观吉林市满族博物馆，听世界上最大的石陨雨的故事；吉林市博物馆、神农温泉、五家山滑雪场、北大湖滑雪场、桦甸红石湖雾凇观赏区、白山水电站和红石国家森林公园。在神农温泉，体验冰雪温泉及各式药池。参观吉林市陨石博物馆，在赴五家山体验滑雪及各种雪上娱乐项目。在北大湖滑雪场，乘高山缆车观看高山雾凇，体验滑雪。赴桦甸红石湖观赏雾凇，在白山湖水电站摄影创作，参观杨靖宇抗联密营、白桦林。

5.3.2.3 冰雪文化

在吉林，每年冬天气温都达到-20℃以下，松花湖的水温保持在0℃以上，水温与地温温差在20℃左右，进而形成了城区及以下几十公里不结冰的江水。温差使江面产生雾气，白色的雾漂在河面上，长时间不消散，形成雾凇。雾凇景观的面积较大、发生的频率较高、延续的时间较长，从12月下旬开始一直到次年2月底都可以观赏到这一美景。

吉林雾凇和黄山云海、泰山日出、钱塘潮涌一起被称为中国四大气象奇观，又是“吉林八景”之一。著名的“国际雾凇冰雪节”已连续举办了26届。2003年初，吉林市举办了第一届冬季龙舟赛，是中国唯一在冬季举行的龙舟大赛，参与赛事的有十几个国家，近80支队伍，760多名运动员。2009年，东福神农庄园温泉度假村成功举办了首届冰雪温泉文化旅游节，活动期间还举行了图片展、茶艺表演、绘画书法、摄影艺术展览、文化论坛、农业观光展以及美食活动月等多种活动（吉林日报，2009）；2011年1月8日至9日，为弘扬中国猎鹰文化，中国“鹰屯”钓鱼楼第一届猎鹰文化节作为雾凇冰雪节的冰雪活动之一，在吉林省昌邑区土城子乡玉楼村成功举办。中国是一个拥有放鹰历史的大国，目前是世界上放鹰人数最多的国家，吉林渔楼村是世界上具有代表性和典型的放鹰文化地区（曹保明，2011）。猎鹰文化节活动主要包括“鹰王收徒”、雪野猎鹰、参观猎鹰文化展厅、参观“鹰把式”家园、感受民俗风情等活动。

2019年，作为第25届雾凇冰雪节系列活动之一，吉林广播电视台与万科松花湖度假区联合举办了第一届雪地火锅节，乌拉满族火锅也是吉林省非物质文化遗产保护项目之一。

2020年初，松花湖苏尔哈渔场成功举办了“中国·吉林松花湖首届冰下野生鱼捕捞大赛”，充分利用松花湖天然生态鱼仓和冰雪旅游资源优势，以赛事活动为载体，赋予“吉庆有余、鸿运当头”的民俗文化，组织了“冰雪+旅游”等多种特色活动，赋予广大游客深度参与以及良好的运动体验，有效带动了文旅消费，推动了文化旅游事业的发展。

每届雾凇冰雪节期间都会开展各种冰雪活动，以第26届为例，雾凇冰雪节期间的主要冰雪文化活动有：

（1）雾凇冰雪节开幕式。组织了室外威风锣鼓、韵律操等表演、大型雪雕展示；文创产品展、旅游商品展、冰雪专题书画展、篆刻展等展演；吉林市歌舞团音舞诗画《凇雪江城》文艺演出；活动还在万科松花湖滑雪场设立了分会场，并且组织了冰雪之夜体验等特色活动。

（2）国际冰雪摄影大展。展会由吉林市人民政府、中国摄影家协会主办，吉林市文联、中国摄影报社承办，广泛邀请多位摄影家到吉林市进行摄影创作，呈现本市的优美风光，突出冰雪文化，不断提升“雾凇之都，滑雪天堂”城市品牌形象和冰雪文化影响力。

（3）松花湖冬捕节。举行了主题为“欢乐冰雪季　捞鱼过大年”的松花湖冬捕节，活动过程设计了大量富有趣味性的新型赛事活动，比如冰下野生冬捕等引导人们参与松花湖渔猎，体验和感受传统文化活动。同时推出“冰湖穿越”——松花湖生存探险旅游线、雾凇湾冰雪乐园，丰富冰雪旅游内容，提升“松花湖冬捕”品牌知名度。

（4）冰雪主题摄影展、书画雅集。在人民大剧院、博物馆、文庙博物馆、万科松花湖滑雪场、北大湖滑雪场，组织了多种主题形式多样化的冰雪、篆刻、书画、摄影等艺术活动，进一步丰富了城市的文化和历史内涵，全面呈现吉林市的艺术魅力和冰雪文化。

（5）乌喇冰雪文化节。在乌喇公园组织冰雪游乐活动，其中包括摄影采风、新春庙会以及冰雪项目学员等多个主题，丰富游客的冰上娱乐体验。在万科松花湖滑雪场举办第二届雪地火锅节。

冰雪文化还通过非遗表演、民俗体验、关东文化冬令营、冰雪文化大讲堂、冰雪图书博览会、行走的博物馆、线上的博物馆、文庙文化灯谜有奖竞猜、吉林文庙冰雪六艺嘉年华、“回溯历史”莫勒真冰雪运动会、冰雪产业与文化旅游发展论坛等载体，全方位彰显城市冰雪资源背后的文化底蕴。

5.3.2.4 冰雪体育

目前，吉林市除拥有12家滑雪场外，还有1所冰上运动中心、1所雪上竞技训练中心、1所冬季全天开放大型室外公益冰场，以及冰球、冰壶等12所冰雪体育场馆，虽然冰雪体育运动场地资源较丰富，但相应的配套服务设施还不够完善，教学训练、赛事运营、服务推广、场馆运营、冰雪设备操作维护等方面专业技术人才缺口较大。吉林市还设有滑冰协会、冰球协会、滑雪协会、冬泳协会、雪橇协会等40多个冰雪体育运动项目协会，100多个冰雪体育运动俱乐部，已举办中小学生越野滑雪比赛、老年冬泳表演赛、“筑梦冰雪，相约冬奥”特色教育活动等大型群众性冰雪体育活动超过两百次（鲁尧，2020）。

政府对公共冰雪体育服务供给发挥主体作用，制定市场行业标准，对公共冰雪体育的各项活动进行组织指导，在对各个冰雪体育场地、企业和参与者加以行为规范和行业监督的同时，也进一步明确了自身的职能范围。以吉林市公共冰雪体育服务供给体系建设为例，重点发挥两方面的作用。一方面，积极推动冰雪公共体育供给侧结构性改革，通过各级政府的预算内资金、冰雪体育专项资金以及体彩公益金等加大投入力度，针对滑雪培训学校、公共冰雪体育场馆等加大建设与维护资金扶持力度，保障服务供给体系运行；另一方面，强化公共冰雪体育服务供给组织体系建设，指导市体育总会规范冰雪体育协会、冰雪体育行业协会等社会组织建设，同时加强区县级冰雪体育总会与相应的协会组织建设，形成了市区县两级社会组织保障体系。现阶段，吉林市城乡实现了公共冰雪体育社会组织的全覆盖，以市级组织带动各区、各县、各乡镇的公共冰雪体育项目运行机制逐步完善（鲁尧，2020），各类冰雪体育赛事越来越多，仅第26届雾凇冰雪节期间，吉林市已举办、承办全国大学生滑雪挑战赛、高山滑雪公开赛等国家级和省市级赛事34项次。

5.3.2.5 冰雪教育

“三亿人参与冰雪运动”引领吉林市以打造吉林省全民健身冰雪体育服务示范城市为目标，投入专项资金建立“从娃娃抓起”的冰雪体育教育体系。在2018—2019年雪季，吉林市启动了主题为“筑梦冰雪，相约冬奥”的中小学生冰雪运动普及工程，聘请专业的冰雪体育教练员对学生进行授课。全市建有省级冰雪特色学校75所、8家青少年冰雪体育俱乐部，共有623名体育教练员参与授课，7.5万名中小学生在雪场接受现场指导，接受冰雪理论培训人数达到了80万（鲁尧，2020）。吉林市体育局与市教育局联合北山四季越野滑雪场，组织中小学生开展了大量越野滑雪活动。从2020年底开始连续多个月对于中小学生进行雪上运动训练，每一次课的训练时长约1.5小时，每次活动都有专业教练为学生提供指导，并且陪同训练。滑雪场设独立的教学和练习区，与社会人员分开运动，避免出现伤害和意外。场地内配备有多种医疗设施，能够有效满足突发卫生医疗需求，能够充分保障学员的健康安全（吉林市体育局，2020）。2018年，北华大学成立冰雪学院，是国内首家综合大学开办的多学科交叉融合的冰雪学院，按照“政府引导，产教融合，市场机制，国际水平”建设思路，形成了“大冰雪”人才培养理念，打造“冰雪+”和“+冰雪”人才培养模式，开设与冰雪产业相关的运动、运营管理、场地工程、运动康复、外语、艺术、传媒、园林等专业方向，培养国家急需的各类冰雪专业人才。组建冰雪教育联盟，并开展冰雪教育论坛。每一年都从中外邀请冰雪运动、冰雪旅游以及冰雪产业的学者专家，共同讨论冰雪产业当前的发展、未来趋势，以及冰雪产业发展的机遇和挑战，对于推动高校培养冰雪产业人才、服务社会发展具有重大意义。

北华大学冰雪学院开设的项目主要有：

（1）本科人才培养：北华大学增设1个本科专业，冰雪运动专业。另有9个专业方向；3个专科专业：休闲体育（滑雪）、体育运营与管理（冰雪）、机电设备维修与管理（冰雪装备维护与管理），2020年开始招生，2021年新增冰雪场地运营与管理专业。

（2）硕士生培养：在万科松花湖滑雪度假区建立省级研究生工作站，体育、工商管理、护理、临床医学、艺术、风景园林学等相关学术学位及专业学位硕士点增设了冰雪方向。设立研究生创新计划项目冰雪专项已培养毕业研究生30余人。

（3）实践基地建设：与北京体育大学、沈阳体育学院、哈尔滨体育学院、吉林体育学院、凯萨卡里奥体育学院（芬兰）、北大湖滑雪度假区、北京奥众体育发展有限公司等来自全国各地的27家单位成立冰雪教育联盟，建设冰雪教学实训基地12个，利用实训基地的教学条件优势和冰雪技术人才优势，积极创新学生实践能力培养模式，提升冰雪相关学科研究生创新实践能力。

此外，万科松花湖、北大湖等滑雪场与北华大学开展产学研合作，打造设备研发中心、研学基地，建立冰雪教育、科技以及成果孵化和社会服务基地。

5.3.2.6 冰雪科技装备

吉林市目前有两家专门生产冰雪专业设备的企业。吉林市雪龙体育运动装备科技有限公司主要从事短式冰雪滑橇研发和生产，拥有年产8万双的专业生产线和研发中心；吉林腾达绝缘材料有限责任公司主要产品是用于滑雪板的高分子材料，2019年开始批量生产（孟宪平，2020）。总体来看，吉林市冰雪装备制造产业仍然处于培育期，但后发优势明显、基础坚实，空间和潜力巨大。为此，政府规划的冰雪装备产业园已在永吉县经济开发区开工建设。

5.3.3 吉林市冰雪经济融合发展分析

近年来，吉林市全面开发得天独厚的冰雪自然资源，大力发展冰雪旅游及其关联产业，冰雪产业已成为吉林市有基础、有特色、有潜力的优势产业，以要素为支撑的冰雪经济，呈现出愈加明显的融合发展态势。

5.3.3.1 创建冰雪资源开发利用全球典范

（1）建设国际一流冰雪场地设施。挖掘吉林市独特的优质冰雪资源，按照承办冬季奥林匹克运动会的标准科学规划和布局冰雪场馆设施，引入社会资本，高标准建设北大湖、万科松花湖、东山等重点区域的冰雪场馆设施，全面增强冰雪产业发展的支撑能力、冬奥会等重大体育赛事的承办能力。加强滑冰场馆建设，统筹推进公共滑冰馆，室外滑冰场等冰雪运动场地设施建设，鼓励和引导社会力量在各县（市）区建设滑冰馆，气膜场馆等。

（2）构建国际水平冰雪场馆运营管理模式。创新冰雪场馆运行和管理模式，积极引进国内外高端冰雪场馆运营团队，建立与国际接轨的现代化管理与运行机制。开展冰雪产业大数据的开发与应用，加快5G技术信息网络基础设施建设，建设智能化的冰雪旅游大数据中心，冰雪旅游电子商务平台、冰雪旅游信息公共服务平台，提高冰雪场馆运营效率。

（3）开放合作集聚冰雪产业。推动与京津冀冰雪产业交流合作，共建冰雪运动器材装备研发生产基地，打造以冰雪为重点的产业集聚区；建立南北西冰雪产业合作交流机制，建设冰雪学院链接吉林、新疆等地区，成为国家冰雪试验区建设的实践载体。对接长三角高水平一体化发展、长江经济带和粤港澳大湾区建设，紧盯重点城市冰雪运动和冰雪旅游爱好群体，大力开展精准营销和景区合作营销，以及冰雪户外服装、运动器材、营养健康品等产业上下游合作。深化与粤港澳地区冰雪旅游交流对接，探索在粤港澳大湾区城市设立冰雪旅游推介中心；大力开展冰雪产业的国际交流与合作，加强与国际知名冰雪城市、行业组织的联系，密切城市之间的友好交流和往来，举办国际冰雪城市市长论坛，建立冰雪产业领域企业、专家、国际组织等定期沟通交流机制，扩大吉林市在国际上的影响力。以冰雪文化，冰雪教育，冰雪旅游，冰雪智库的交流合作为桥梁纽带，促进与“一带一路”沿线国家和地区艺术交流，打造国际冰雪文化交流中心，推动组建世界冰雪城市联盟，打响吉林市冰雪文化交流品牌。积极创办世界冰雪产业峰会、国际冰雪会议论坛，力争将吉林市打造成为国际冰雪产业交流合作中心。

5.3.3.2 打造冰雪旅游文化国际名城

（1）打响“雾凇之都，滑雪天堂”城市品牌。持续举办和丰富国际冰雪摄影大展，国际雾凇冰雪节等高端冰雪文化旅游节庆活动，建设雾凇景观观赏带和室内雾凇体验馆，促进冰雪旅游、丰富文化内涵；加强高品质生态旅游度假区建设，打造冰雪旅游精品线路，如中国最佳雾凇观赏休闲、松花江国际冰雪运动康体、中国最美冰雪温泉、青少年冰雪研学和民族民俗文化体验线路等；完善北大湖和松花湖滑雪度假区的冰雪旅游集散功能等。

（2）打造冰雪文化旅游名城。引导城市建筑、商店标牌、餐馆名称、酒店特色等重要标识融入冬季冰雪元素和萨满文化元素，以冰雪文化塑造城市亮丽形象。建设冰雪主题广场，用冰雪和民族符号营造萨满风情的冰雪城市氛围。以城区和松花江沿岸为主要区域，以冰灯、冰雕、雪雕等特色冰雪艺术品为载体，大力营造冬季吉林美轮美奂的冰雪景观，建设特色冰雪艺术旅游体验区、冰雪主题公园（广场）、文化雪乡；建设一批冰雪特色文化小镇，冰雪运动小镇，冰雪温泉小镇、冰雪民俗文化村等。

（3）创作精品冰雪文化艺术作品。推动文化创意与冰雪元素融合发展，举办以雾凇、冰雪、民俗文化为主题的创作大赛，开发具有吉林特色的冰雪演艺产品，打造具有民族特色的冰雪演艺品牌，积极将吉林的特色冰雪搬上银幕，发挥歌舞团，话剧团演艺优势，创排精品文艺作品，开展室内外冰雪驻场演出。举办“乌拉满族过大年”“民间艺术精品展”等大众性冰雪文化旅游活动，开发冰雪游艺、民间冰灯、冰雪雕塑等冬令文化系列产品。发展速度滑冰，花样滑冰，雪车等观赏性冰雪运动，形成一批冰雪文化旅游艺术集聚区。

（4）打造国家冰雪康养服务基地。充分利用区域中医医疗资源和特色温泉资源，整合冰雪旅游产业，融合农业观光、小镇游览、体育运动、会展购物等，多方位打造独具特色的冰雪温泉+疗养旅游基地；利用运动医学，康复医学及中医药在冰雪运动康复领域的特色优势，建设冰雪运动损伤康复机构，打造国家冰雪运动康复中心，推动冰雪旅游与医疗健康产业融合发展。

5.3.3.3　建设冰雪体育运动世界之都

（1）全力服务保障2022年冬奥会。加快完善冰雪竞技场馆功能，全力提升冰雪专业运动队建设水平。培养储备一批冰雪运动员、教练裁判员和赛事专业服务人员，为冬奥筹办培养专业人才。

（2）打造顶级冰雪赛事平台。以北大湖国家体育旅游和体育产业示范基地为依托，加强与国际冰雪组织联系，承办短道速滑、速度滑冰、花样滑冰、单板滑雪、越野滑雪等国际大型冰雪赛事活动；建设顶级精品冰雪赛事聚集区，积极承办VHL俄罗斯超级冰球联赛、世界自由滑雪空中技巧比赛、世界冰上龙舟俱乐部锦标赛、全国跳台滑雪青少年锦标赛以及北欧两项滑雪青少年锦标赛等赛事；打造以冰雪为特色国家体育产业示范园区、国家冰雪运动休闲特色小镇。

（3）积极助推“三亿人参与冰雪运动”。落实全民冰雪运动普及计划和大众冰雪运动等级标准，开展全民冰雪活动季系列活动，丰富“冰雪运动下基层”活动，创建冰雪运动特色学校和冬季奥林匹克教育示范学校，提高校园冰雪运动普及水平；建立冰雪研学旅行基地，学校和青少年体育俱乐部举办冬令营活动、实施“筑梦冰雪、相约冬奥”工程、建设青少年校外冰雪活动基地等。

5.3.3.4　构建冰雪人才科技国际高地

（1）实施冰雪奥运冠军培育计划。加强教练员、裁判员、科研管理和后勤保障团队建设，聘请国际、国内高水平教练员执教，提升冰雪运动员竞技水平；建设冰雪竞技人才培训中心、国家冰雪旅游人才培训基地、冬奥会运动员和教练员培训基地，形成完整的国家冰雪训练设施和培训体系；坚持运动训练“引进来，走出去”双向并举，邀请高水平运动员，教练员进行训练，交流，确保与世界先进水平同步发展。

（2）实施冰雪运动后备人才培养工程。建立和完善中小学冰雪运动培育体系和青少年冰雪人才选拔机制，支持社会冰雪俱乐部、冰雪培训机构发展，多渠道为国家队提供人才保障；鼓励优质义务教育学校对特别优秀的少年冰雪运动员开放绿色培养通道，逐步扩大优质高中招收冰雪特长生人数；积极向高等院校高水平运动队推荐冰雪运动特长生，建立中小学校常态化校园冬季运动竞赛机制，开展中小学校滑冰、滑雪等冰雪竞技比赛；建立青少年区域性冰雪体育赛事推广平台，积极承办国内外青少年冰雪体育赛事活动，打造区域性冰雪赛事中心，提高青少年冰雪竞技水平，全力为国家选拔培养优秀冰雪运动员。

（3）强化大众冰雪人才和冰雪职业人才培养。完善冰雪专业人才培养体系，着力培养冰雪体育运动、冰雪场地运营管理、冰雪场地工程建设、冰雪运动康复、冰雪艺术等专业的高素质应用型冰雪人才；加强冰雪专业教师队伍建设，组织冰雪金牌教练深入学校指导教学，提高教师的专业教学和实训指导能力。引进专业冰雪项目人才，培养冰雪项目裁判员队伍；完善冰雪社会指导员鉴定、考核、进阶及监管制度，培养优秀冰雪社会指导员人才，构建大众冰雪社会指导员培训体系；设立冰雪职业培训管理机构，加强同冰雪企业、高校合作，培养一专多能的冰雪职业人才。

（4）构建国际化冰雪人才联合培养体系。积极与日本、法国、俄罗斯、哈萨克斯坦等国家建立冰雪人才交流合作机制，深化在赛事组织、场馆运营、运动竞技、损伤教学等方面的合作与交流；积极拓展冰球项目国际人才交流，加强与芬兰、俄罗斯等冰球强国在职业冰球运动员、教练员和球队管理人员的培训合作，开展青少年培训，建设国际冰雪人才交流合作中心、东北亚冰球训练中心；加强与国内、国际冰雪院校联系，完善北华大学成立冰雪学院功能，并以冰雪学院为依托，联合国内外冰雪产业单位、高校等成立吉林冰雪教育联盟；深化与国际滑雪组织、体育大学及冰雪强市合作，建设国际化冰雪人才培训学校，构建特色冰雪运动培训体系；组建全民冰雪健身专家智库，储备国际化冰雪管理人才，积极推动北华大学等驻吉高校与国内外学校联合办学，引进高水平师资力量，加快冰雪人才联合培养。

（5）加强冰雪和科技融合。“校城融合”发展机制，发挥北华大学、东北电力大学冰雪科技创新区优势，建设国家冰雪运动实验室、冰雪旅游研究基地和冰雪运动装备研发和测试中心。推动信息技术赋能冰雪经济，依托各种云平台和APP打造冰雪经济互联网运营管理平台；建设智慧冰雪旅游景区和内外部智慧交通服务系统，促进冰雪装备器材与新兴科技的融合发展，加快冰雪运动装备技术创新，用智慧装备提高运动员训练水平；开发冰雪智能体验教学、冰雪运动仿真培训、冰雪赛事表演等新产品，强化冰雪科技研发合作，通过VR、互联网、智能冰雪装备模拟体验等，让更多人感受冰雪运动的魅力。创造冰雪体育培训、文化旅游和智能制造产业的新业态，实现冰雪产业的新跨越。

5.3.3.5 建立冰雪装备制造强市

（1）建设冰雪装备制造产业园。深入实施《冰雪装备器材产业发展行动计划（2019—2022年）》，积极与欧洲、北美等“冰上丝路”国家的知名冰雪装备制造品牌企业开展冰雪装备研发制造合作，建立引进、研发、生产与营销网络体系。鼓励开展校企合作，支持国内外技术领先的冰雪装备制造企业以独资、合资等形式投资建设研发和生产项目。

（2）推进冰雪装备制造业高端发展。瞄准国内外高端冰雪装备器材的中高端技术，充分发挥吉林国家碳纤维高新技术产业化基地优势，引进以合成高性能纤维为基础材料的大众冰雪装备器材制造企业，重点发展碳纤维滑雪板、雪杖、头盔等大众普及型个人冰雪运动装备；推进碳纤维、聚酰亚胺等特种纤维企业与国内外知名企业合作，开发保暖服装、户外服装、冬季运动服装、冰雪运动装备等系列产品；引进国际知名冰雪装备生产企业和知名品牌国内代工企业落户园区，促进先进技术落地转化，提升冰雪装备制造能力。

（3）提升冰雪装备产业研发创新能力。对标国际先进标准，鼓励和培育龙头企业制定或参加修订冰雪装备器材地方标准、行业标准和国家标准，开展冰雪装备器材检验检测及评价研究。加快产学研全方位结合，围绕冰雪装备技术、产品改造以及冰雪装备人工智能技术等领域深化国内外合作，建立冰雪装备技术研发、制造机构和冰雪产业技术创新体系。

（4）构建冰雪装备制造服务平台。积极举办国际国内冰雪装备展会、论坛，建设冰雪运动防护用具、滑雪板、滑雪服装等冰雪装备产品的展示展览、产权交易、装备租赁、政策信息等高端冰雪商贸会展平台；积极参加中国-北欧经贸活动、法国国际山地冰雪装备博览会、芬兰经贸等冰雪装备产品洽谈会，推动冰雪装备产业国际贸易向国内延伸、发展，促进装备制造业转型升级。

总而言之，吉林市通过创建冰雪资源开发利用全球典范、打造冰雪旅游文化国际名城、建设冰雪体育运动世界之都、构建冰雪人才科技国际高地等发展路径，必将促进吉林冰雪经济融合发展，提高吉林市冰雪经济核心竞争力，加速推进冰雪经济高质量示范区建设。同时，创新政府机制、突破体制障碍，在建设社区大众型冰雪场馆、深挖冰雪特质内涵、补齐装备制造短板等方面下功夫，培育新兴冰雪产业业态，扩大供给冰雪公共产品；完善配套的机场、轨道交通等重大交通基础设施，增加体育彩票公益金支持群众冰雪场馆建设力度、财政支持力度、金融机构优惠贷款冰雪装备制造行业扶持力度和符合条件的冰雪企业上市融资力度等。发挥各类媒体作用，充分利用冰雪博览会、旅游博览会、研讨会等各类平台，搭建冰雪旅游推广平台，广泛宣传吉林市冰雪经济高质量发展试验区的重大事项和进展，推动在吉林市举办国内外重大冰雪品牌展会、冰雪产业峰会活动。加大网络宣传力度，增加冰雪产业宣传内容，做好重大冰雪产业事项宣传报道和政策解读，形成全社会关心、支持和参与冰雪体育运动，冰雪旅游和冰雪产业发展的良好氛围。

第6章　政策视角下的冰雪经济融合发展

2015年，北京冬奥会申办成功以来，中国冰雪经济迎来发展黄金期，国家及地区层面纷纷出台冰雪政策推动冰雪经济发展。据统计，从2015至2020年，全国冰雪相关政策数量增长快速，国家层面新增冰雪相关政策25项，地区层面新增冰雪相关政策116项，推动了全国冰雪经济呈现出空间融合、四季融合、社会融合的发展态势。《中国冰雪经济发展报告（2020）》指出，“近年来中国冰雪产业以冬奥会为契机实现快速增长，冰雪经济成为新的增长极。”《冰雪装备器材产业发展行动计划（2019—2022年）》指出，到2022年，中国冰雪装备产业销售收入将超过200亿元，年均增速超过20%，[①]冰雪经济已成为国家重要的经济增长点。“十四五”时期，中国国民经济面临着新的发展要求，冰雪经济如何深度融合实现高质量发展，也值得进一步研究。

因此，本部分从时代背景出发，分析国家冰雪政策出台的理念基础，采用自然语言处理技术NLP及Tableau软件进行政策文本分析，探讨新发展理念下中国冰雪政策的空间特征、四季特征及社会特征，并且基于冰雪经济内部6大关键要素，研究冰雪政策对全国冰雪经济的空间融合、四季融合、社会融合的推动作用，最后提出优化中国冰雪经济深度融合的路径，实现冰雪经济的高质量发展。

---

① 中国政府网.九部门关于印发《冰雪装备器材产业发展行动计划（2019—2022年）》[EB/OL].（2019-10-22）[2021-09-30]. http://www.gov.cn/zhengce/zhengceku/2019-10/22/content_5443309.htm.

6.1 冰雪经济融合发展的理念基础及政策响应

发展理念是有关“发展”的全局性、时代性、战略性的思想、理论或观念，从根本上决定着发展的成效乃至成败。改革开放40年来，和平、发展与合作成为时代主题，根据不同时期的内外部环境变化，我国先后形成并实施了非均衡发展理念（1978—1991）、协调发展理念（1992—2002）、科学发展理念（2003—2012）和新发展理念（2013—），这些发展理念在不同时期均发挥了积极作用。[①]中国体育政策也积极顺应时代趋势，形成四个发展阶段：竞技体育优先发展阶段（1978—1992）、深化体育体制改革阶段（1992—2000）、筹备和备战北京奥运会阶段（2001—2008）、推进体育全面发展阶段（2008年至今），[②]并响应不同发展理念。

冰雪政策作为冰雪经济的公共政策方案，体现的是国家对于发展冰雪运动的指导思想和目的，是国家发展理念在冰雪经济领域的全局性、时代性、战略性思想、理论或观念。由此可见，国家发展理念对于冰雪政策的制定与实施具有重要的实时引导作用，对于在冰雪经济发展的黄金期制定科学的冰雪政策具有指导意义。

2015年北京冬奥会申办成功以来，根据不同时期的内外部环境变化及时代发展需要，中国先后提出“新发展理念”“供给侧改革”理念，特别是“两山”理念的提出，为国家冰雪政策提供了科学理念指导。各级政府的冰雪政策也积极响应发展理念，从冰雪政策内容上显示出新的发展趋势。

---

① 朱传耿，王凯，丁永亮，董艳梅. 改革开放40年来中国体育政策对发展理念演变的响应及展望［J］. 体育学研究，2018，1（06）：1-11.

② 金世斌.改革开放以来中国体育政策演进与价值嬗变［J］.体育与科学，2013，34（01）：36-41.

6.1.1 “新发展理念”及中国冰雪政策的回应

2015年，国家提出“创新、协调、绿色、开放、共享”的新发展理念，既是对“科学发展观”的一脉相承，又是与时俱进、不断创新的体现。冰雪政策的指导思想全面贯彻“新发展理念”，并从政策内容上进行积极回应。

2016年，《普及计划》提出“牢固树立创新、协调、绿色、开放、共享的发展理念”，开始以“新发展理念”作为冰雪政策的指导思想；《建设规划》提出“牢固树立和贯彻落实创新、协调、绿色、开放、共享的发展理念，加快冰雪场地设施建设，调动全社会力量共同参与”；《发展规划》提出“牢固树立和贯彻落实创新、协调、绿色、开放、共享的发展理念”；2018年，《实施纲要》提出“秉承‘开放、共享’理念，采取社会化方式，运用市场化手段，充分调动社会力量和资源推动群众性冰雪运动发展”；2019年，《实施意见》提出“坚持以人民为中心的发展思想，牢固树立新发展理念”，进一步强调“以人为中心”的冰雪政策理念。在国家战略规划指导下，地区性冰雪政策以国家层面冰雪政策为蓝本，在指导思想及指导原则方面深入贯彻五大发展理念，在政策目标上更强调冰雪事业的可持续发展，在政策内容上呈现出对冰雪事业绿色发展及人文关怀，冰雪事业的创新及开放在政策上日益突出，社会参与力量加强。

6.1.2 “供给侧改革”理念及中国冰雪政策的回应

2015年11月，“在适度扩大总需求的同时，着力加强供给侧结构性改革”[①]的提出，使“供给侧改革”成为中国经济发展的重要思路。我国供给侧结构性改革的理论基础是马克思主义社会再生产理论，强调供给侧管理和需求侧管理的联系，既强调供给又关注需求，最终目的是满

① 中国政府网.习近平主持召开中央财经领导小组第十一次会议［EB/OL］.（2015-11-10）［2021-09-30］. http://www.gov.cn/guowuyuan/2015-11/10/content_5006868.htm.

足需求，解决方式是提高供给体系的质量和效率。[①]国家冰雪政策也深刻贯彻了“供给侧改革”思想，强调冰雪相关资源供给、关注群众冰雪运动需求的满足情况，推动冰雪经济成为重要的体育经济增长点。

2016年，《体育产业发展“十三五”规划》提出“扩大社会供给，加强场地设施建设，丰富体育产品市场。”《发展规划》提出了“加大场地设施供给，丰富冰雪运动场地类型。加强冰雪场地设施建设，创新冰雪运动场地设施供给方式”；2018年，《关于加快发展健身休闲产业的指导意见》提出“推进健身休闲产业供给侧结构性改革，提高健身休闲产业发展质量和效益，推动健身休闲产业全面健康可持续发展”；2019年，《关于促进全民健身和体育消费推动体育产业高质量发展的意见》提出“强化体育产业要素保障，激发市场活力和消费热情，推动体育产业成为国民经济支柱性产业”；《冰雪装备器材产业发展行动计划（2019—2022年）》提出“落实高质量发展要求，大力推进供给侧结构性改革，以北京冬奥会为契机，开发大众冰雪装备器材”；2020年，《关于开展全国冰雪旅游宣传推广活动》提出带动“三亿人参与冰雪运动，进一步繁荣和建设国内冬季冰雪旅游大市场，助力扩大内需战略”。

由此可见，在“供给侧改革”理念指导下，国家冰雪政策多从冰雪运动场地、冰雪装备、冰雪设施、冰雪产业等方面贯彻落实冰雪事业领域供给要求，推动冰雪产业要素满足市场需求，最终目的是为了促进冰雪经济高质量发展。

6.1.3 “两山”理念及中国冰雪政策的回应

自2005年以来，习近平总书记多次提出“绿水青山就是金山银山，冰天雪地也是金山银山”的思想，充分肯定了生态环境和自然财富在经济社会发展中的重要地位，一方面强调新发展阶段人与自然和谐相处的

① 中共中央文献研究室. 习近平关于社会主义经济建设论述摘编［M］.北京：中共文献出版社，2017：29-30.

重要性，另一方面也肯定了中国冰雪经济的巨大潜力。在“两山”理念的指导下，国家出台了系列冰雪产业发展政策。2019年，《冰雪装备器材产业发展行动计划（2019—2022年）》提出“加快培育发展冰雪装备器材产业”；2020年，《关于开展全国冰雪旅游宣传推广活动》提出“根据冬季旅游的规律和特点，为推动冰雪旅游发展，带动‘三亿人参与冰雪运动’，进一步繁荣和建设国内冬季冰雪旅游大市场，助力扩大内需战略。”尤其是冰雪资源丰富的东北、华北、西北地区开始大作“冰雪”文章，冰雪资源已经成为经济的新增长点；同时其他地区也结合当地优势，挖掘潜在的冰雪及配套资源进一步开发冰雪经济，“全国一盘棋”的冰雪经济发展趋势逐渐凸显。

6.2 政策视角下的冰雪经济空间融合发展

融合发展具有多重内涵，其核心是利益共享的高质量发展。在冰雪产业“北冰南展西进东扩”战略的政策基础上，冰雪经济的空间融合是冰雪经济各区域要素与要素、结构与结构之间相互渗透，交互作用下形成的综合结果，主要体现为打破地域壁垒，实现冰雪经济要素的交流与互动。2015年北京冬奥会申办成功以来，在新发展理念、供给侧改革理念和“两山”理念指引下，国家和地区层面出台大量冰雪政策，呈现出明显的空间特征。政策文本计算是在大数据环境下，人文科学与计算机科学交叉融合行程的新兴研究范式，采用自然语言处理相关技术，对政策文本内容进行多维度分析，从语用层面对政策文本进行揭示，从词语和主题角度得到规律性的认识，辅助用户对政策的深度理解。[①]因此，采用自然语言处理技术NLP对国家及地区层面的冰雪政策进行文本分析，有利于对中国冰雪政策的空间特征：发文时间的集中性、发文区域的广泛性、发文主体的多元参与性，进行总体把握。

① 盖洋. 中国青少年体育政策评估研究［D］.上海体育学院，2019.

6.2.1 中国冰雪政策的空间特征分析

2016年，国家发布《关于加快发展健身休闲产业的指导意见》，从政策层面提出“深入实施冰雪运动‘南展西扩’”，初步推动了区域性冰雪事业互动合作；同年8月，《关于加快发展健身休闲产业的指导意见》进一步提出“以东北、华北、西北为带动，深入实施‘南展西扩’”，强调冰雪事业优势地区在推动区域性冰雪事业合作的带动作用；2018年，《实施纲要》强调，“推动冰雪运动‘南展西扩东进’战略深入实施，2020至2021年区域互动合作成效显著，冰雪运动基本覆盖全国各省区。”国家冰雪事业发展呈现出“全国一盘棋”的空间融合局面，进一步为中国冰雪经济的空间融合发展提供政策基础。

通过主题检索，从2015年至今，国家层面共出台相关冰雪政策25项（见表6-1），各个地区响应国家冰雪政策共出台116项，且在空间层面——东北、京津冀、华北（不包括京津冀地区）、华中、华南、华东、西北、西南共八个地区呈现出不同的文本特征。

表6-1 2015年以来国家主要相关冰雪政策

时间	政策制定主体	政策名称	政策重点
2016年	国家体育总局等23部门	《群众冬季运动推广普及计划（2016—2020年）》	冬季文化、动机运动场地、冬季社会组织、冬季赛事、青少年运动、冬季运动人才队伍建设。
	国家体育总局	《冰雪运动发展规划（2016—2025年）》	普及冰雪运动、提高冰雪运动竞技水平、促进冰雪产业发展、加大场地设施供给、深化机制改革。
	国家体育总局	《体育产业发展“十三五”规划》	以足球、冰雪等重点运动项目为带动，通过制定发展专项规划、开展青少年技能培养、完善职业联赛等手段，探索运动项目的产业化发展道路。重点打造冰雪运动等特色的体育产业集聚区和产业带；以冰雪等运动为重点，引导具有消费引领性的健身休闲项目发展。

续表

<table>
<tr><th>时间</th><th>政策制定主体</th><th>政策名称</th><th>政策重点</th></tr>
<tr><td rowspan="4">2016年</td><td>国家体育总局</td><td>《竞技体育“十三五”规划》</td><td>以筹办 2022 年北京第二十四届冬奥会为契机，大力推动冰雪运动开展并扩大中国冬季项目发展规模与布局。推进“冰雪运动南展西扩”战略，鼓励有条件的南方和西部省市积极开展冰雪运动。</td></tr>
<tr><td>国务院办公厅</td><td>《关于加快发展健身休闲产业的指导意见》</td><td>完善健身休闲体系、培育健身休闲市场主体、优化健身产业布局、加强设施建设、提高装备研发能力、改善健身消费环境。</td></tr>
<tr><td>国务院办公厅</td><td>《“健康中国2030”规划纲要》</td><td>指出要将冰雪运动作为时尚休闲运动项目重点培育。</td></tr>
<tr><td>体育总局、工信部、财政部、自然资源部、住房城乡建设部、旅游局</td><td>《全国冰雪场地设施建设规划（2016—2022年）》</td><td>统筹规划建设、加快滑冰场建设、推动滑雪场地建设、鼓励冰雪乐园建设。</td></tr>
<tr><td>2017年</td><td>国家体育总局</td><td>《全国冬季项目体育竞赛管理办法（试行）》</td><td>为加快冰雪运动在中国的普及和提高，为北京2022年冬奥会培养更多的优秀后备人才，提高中国冬季运动竞技水平，调动社会各界参与冬季运动的积极性等有了明确说明。</td></tr>
<tr><td rowspan="2">2018年</td><td>教育部会同国家体育总局、北京冬奥组委联合印发</td><td>《北京2022年冬奥会和冬残奥会中小学生奥林匹克教育计划》</td><td>计划特别提出，鼓励各地方开设冰雪运动特色学校。2020年，全国中小学校园冰雪运动特色学校达到2000所，2025年达到5000所。推进青少年冰雪运动普及，奠定中国冰雪运动发展的人才基础。</td></tr>
<tr><td>北京冬奥组委、国家体育总局、中国残联等联合印发</td><td>《北京2022年冬奥会和冬残奥会人才行动计划》</td><td>提出了加快建设北京2022年冬奥会和冬残奥会专业化、国际化人才队伍的总体目标，明确了开发培养11支人才队伍的路线图和时间表。</td></tr>
</table>

续表

时间	政策制定主体	政策名称	政策重点
2018年	国家体育总局	《2022年北京冬奥会参赛实施纲要》《2022年北京冬奥会参赛服务保障工作计划》《2022年北京冬奥会参赛科技保障工作计划》《2022年北京冬奥会参赛反兴奋剂工作计划》《带动三亿人参与冰雪运动实施纲要（2018—2022年）》	“两纲三划”是体育总局对2022年北京冬奥会参赛工作做出的全方位战略规划，为中国冰雪发展提出了“全面参赛、全面突破、全面带动”的目标。
2019年	体育总局冬运中心	《冰雪项目国家队公益服务行动计划》	整合备战冬运会与公益服务、传播冰雪文化。
	体育总局	《关于开展2019—2020年雪季冰雪运动场所安全监督检查工作的通知》	专业机构抽取部分冰雪场所进行安全检验。
	工信部、教育部、科学技术部、文化和旅游部	《冰雪装备器材产业发展行动计划（2019—2022年）》	开发大众冰雪装备器材、实施精品示范应用工程、完善产业支撑体系、加强品牌培育。
	国务院	《关于促进全民健身和体育消费推动体育产业高质量发展的意见》	“放管服”改革、完善产业政策、促进体育消费、建设场地设施、加强平台支持、改善产业结构、优化产业布局、产业融合发展、体育示范引领。
	体育总局、公安部、自然资源部、住房城乡建设部、卫生健康委、应急管理部、市场监管总局、国家林业和草原局	《关于进一步加强冰雪运动场所安全管理工作的若干意见》	加强场所安全监领导、加强监管、落实制度、严格执法。

续表

时间	政策制定主体	政策名称	政策重点
2019年	中共中央办公厅、国务院办公厅印发	《关于以2022年北京冬奥会为契机大力发展冰雪运动的意见》	推进北京冬奥会、冬残奥会备战工作，普及群众性冰雪运动，开展青少年冰雪运动，加快发展冰雪产业。
	国家发改委、教育部、体育总局等18部委联合印发	《加大力度推动社会领域公共服务　补短板　强弱项　提质量促进形成强大国内市场的行动方案》	提出大力发展冰雪运动，加强冰雪人才培养，提升群众普及水平，努力实现中国冰雪运动跨越式发展。
	教育部、财政部联合印发	《关于实施中国特色高水平高职学校和专业建设计划的意见》	实施中国特色高水平高职学校和专业建设计划（即“双高计划”）。指出冰雪产业专业技能人才培养待提速。
	教育部、财政厅、发改委、体育局	《关于加快推进全国青少年冰雪运动进校园的指导意见》	特色校园冰雪运动、冰雪项目教学、课外冰雪体育项目、冰雪课余训练及竞赛体系、冰雪师资队伍、冰雪场地建设及经费投入、校园冰雪资源统筹、青少年冰雪运动安全教育、人才培养体系。
2020年	文旅部、冬奥会行政部	《国家体育总局办公厅关于开展全国冰雪旅游宣传推广活动的通知》	利用新媒体、新平台、新技术宣传冰雪及冬奥会文化。

资料来源：中国政府网，https：//www.gov.cn/

6.2.1.1　不同地域空间下冰雪政策的发文时间特征

中国冰雪政策的发布时间趋势是体现其整体发展趋势的重要维度，地区性的横向比较更有利于彰显空间特征。据主题搜索显示，2015年以来，在国家层面发布25项相关冰雪政策（见表6-2），其中2019年发文数量最多，且2017年至2018年政策发布数量增幅最大（见图6-1）。从地区层面来说，2015年以来，东北地区、京津冀地区发布的相关政策数量最多，华东、华中、西北和西南地区次之（见表6-2）；同时全国各地区冰雪政策总体数量于2020年最多，其中2019年至2020年各地区冰雪政策数量总计增幅最大。

由此可见，自2015年冬奥会申办成功以来，国家层面积极制定相关冰雪政策以稳步推进全国冰雪事业发展，并致力于实现体育强国的建设目标。与此同时，各地区也积极响应国家政策，顺应国家需要制定了切合国家及本地实际的政策方针。在国家层面2018年至2019年冰雪政策增长小高峰的趋势下（见图6-1），2019年至2020年全国各地区冰雪政策数量的大幅增长，时间集中性强，体现了各地区对国家指导政策的积极回应及“全国一盘棋”的冰雪政策发展趋势。

表6-2　全国冰雪政策发布时间及数量统计表

<table>
<tr><th rowspan="2">地区</th><th rowspan="2" colspan="2">区域划分</th><th colspan="6">年份/数量（项）</th><th rowspan="2">总计</th></tr>
<tr><th>2015</th><th>2016</th><th>2017</th><th>2018</th><th>2019</th><th>2020</th></tr>
<tr><td>国家层面</td><td colspan="2">适用于全国</td><td></td><td>7</td><td>1</td><td>7</td><td>9</td><td>1</td><td>25</td></tr>
<tr><td rowspan="21">区域层面</td><td rowspan="3">东北地区</td><td>黑龙江</td><td></td><td>2</td><td>2</td><td>1</td><td>1</td><td>3</td><td rowspan="3">27</td></tr>
<tr><td>吉林</td><td>1</td><td>3</td><td></td><td></td><td>2</td><td>6</td></tr>
<tr><td>辽宁</td><td>1</td><td>1</td><td></td><td></td><td></td><td>4</td></tr>
<tr><td rowspan="3">京津冀</td><td>北京</td><td></td><td>2</td><td>1</td><td>1</td><td></td><td>2</td><td rowspan="3">20</td></tr>
<tr><td>天津</td><td></td><td></td><td>1</td><td></td><td></td><td>1</td></tr>
<tr><td>河北</td><td>1</td><td>2</td><td>1</td><td>5</td><td>2</td><td>1</td></tr>
<tr><td rowspan="2">华北地区（京津冀除外）</td><td>山西</td><td></td><td></td><td>2</td><td></td><td>1</td><td>2</td><td rowspan="2">10</td></tr>
<tr><td>内蒙古</td><td>1</td><td>1</td><td>1</td><td>1</td><td>1</td><td></td></tr>
<tr><td rowspan="6">华东地区</td><td>上海</td><td>1</td><td></td><td></td><td>1</td><td>1</td><td></td><td rowspan="6">14</td></tr>
<tr><td>江苏</td><td></td><td></td><td>1</td><td>1</td><td>2</td><td></td></tr>
<tr><td>浙江</td><td></td><td>1</td><td>1</td><td></td><td></td><td></td></tr>
<tr><td>福建</td><td></td><td>1</td><td></td><td></td><td>2</td><td></td></tr>
<tr><td>安徽</td><td></td><td></td><td>1</td><td></td><td></td><td></td></tr>
<tr><td>山东</td><td></td><td>1</td><td></td><td></td><td></td><td></td></tr>
<tr><td rowspan="4">华中地区</td><td>河南</td><td>1</td><td>1</td><td></td><td></td><td></td><td>2</td><td rowspan="4">13</td></tr>
<tr><td>湖南</td><td>1</td><td></td><td>2</td><td></td><td>1</td><td></td></tr>
<tr><td>湖北</td><td>1</td><td></td><td>2</td><td></td><td></td><td></td></tr>
<tr><td>江西</td><td></td><td></td><td></td><td>1</td><td>1</td><td></td></tr>
<tr><td rowspan="3">华南地区</td><td>广东</td><td></td><td></td><td>1</td><td></td><td></td><td>1</td><td rowspan="3">3</td></tr>
<tr><td>广西</td><td>1</td><td></td><td></td><td></td><td></td><td></td></tr>
<tr><td>海南</td><td></td><td></td><td></td><td></td><td></td><td></td></tr>
</table>

续表

地区	区域划分		年份/数量（项）						总计
			2015	2016	2017	2018	2019	2020	
区域层面	西北地区	陕西			1	1		2	15
		甘肃	1			1		1	
		新疆	1						
		宁夏	1	1	1				
		青海	1	1	1		1		
	西南地区	四川	1		2				14
		重庆			1	1		1	
		贵州	1					2	
		云南						3	
		西藏			1	1			

资料来源：中国政府网

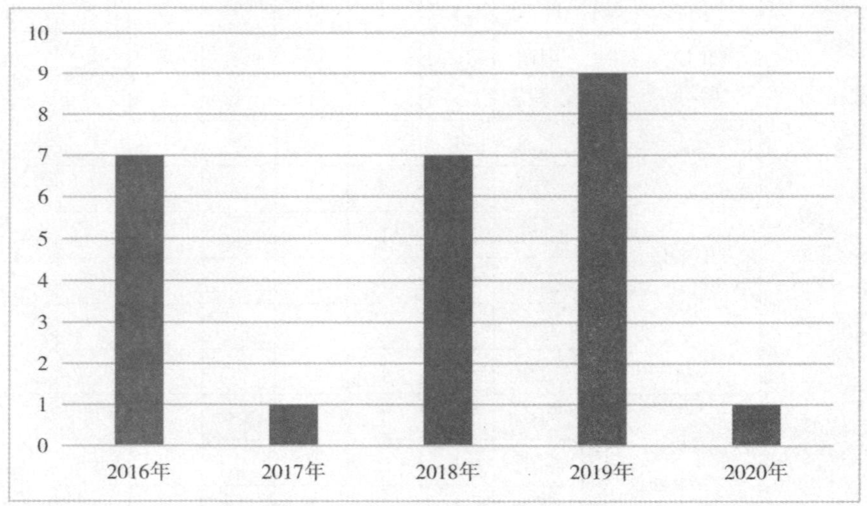

图6-1　国家层面冰雪政策发布时间及数量统计图

6.2.1.2　不同地域空间下冰雪政策发文区域特征

2018年，《实施纲要》提出“冰雪运动南展西扩东进”战略，指出“2020年至2021年区域互动合作成效显著，冰雪运动基本覆盖全国各省区市”。在该纲要指导下，全国性冰雪政策体系逐步建立，冰雪政策基本覆盖全国各省，逐步形成特色鲜明、全面系统的区域性政策体系。

从地区来看，东北地区冰雪政策发文数量最多，为27项，其中吉林省12项、黑龙江省9项、辽宁省6项；其次是京津冀地区，为20项，其中河北省12项、北京市6项；华南地区冰雪政策发布数量最少。各个省市的冰雪政策发布数量也呈现出不同的趋势。冰雪运动呈现“面状”发展，由北向南伸展，向东迈进，向西扩张。[①]可见，在国家政策背景下各地区冰雪政策发布地区具有广泛性。

6.2.1.3　不同地域空间下冰雪政策发文主体特征

政策过程实际上就是一种行政过程，是国家行政模式的体现。[②]冰雪运动政策作为国家参与社会管理的一种不可缺少的方式，政策的运行需要多元主体的共同参与。冰雪政策的制定、出台与实施则更是多主体参与的重要领域。2015年以来，国家层面冰雪政策制定参与主体愈来愈呈现出多元化趋势，冰雪政策参与主体有中共中央办公厅、国务院办公厅、国家体育总局、工信部、财政部、教育部、冬奥组委会、冬奥会行政部、中国残联、教育部、科学技术部、文化和旅游部、国家发改委、财政部等部门。部门参与到冰雪政策制定过程，也反映了冰雪事业发展中多职能部门合作特征日益明显。这一方面推动国家层面形成全面化、系统化的冰雪政策体系，为全国各地区冰雪政策制定与实施提供规范化指导；另一方面有利于进一步增强并巩固冰雪事业在国家层面的战略性地位，充分挖掘冰雪经济潜力，增强冰雪经济增长点。

从地区层面来说，各地区冰雪政策制定主体积极响应国家政策制定趋势，也呈现出多元参与局面，但地域性区别明显。时间上，各个地区

---

① 唐杨洋，席翼，罗俊峰. 我国冰雪运动发展政策研究［J］.冰雪运动，2018，40（06）：31-35.

② 陈振明. 政策科学［M］.北京：中国人民出版社，2003：207-212.

顺应国家政策制定趋势，在2016年及以后冰雪政策参与主体数量明显增加京津冀地区、华北地区、东北地区、华中地区、西北地区的冰雪政策参与制定主体多元化明显。从参与部门数量来说：2015年-2020年，这五大地区的冰雪政策参与制定主体数量分别由1增加至7、由1增加至3、由2增加至13、由1增加至4、由1增加至4，数量增加明显；从具体参与部门来说，涉及到省委省政府、地方人民政府、省体育局、省文化与旅游厅、省发改委、省/市级教委会、市财政局、省教育局等多部门，多部门联合发文的形式也体现了冰雪事业的系统性特征及重要的战略性地位。而华东、华南、西南地区冰雪政策参与制定部门数量虽有增加，但参与部门相对较少，主要为省政府、体育局，且冰雪政策发布多为回应国家层面冰雪政策。这一方面由该地区冰雪资源缺乏的现状所限制，另一方面也留足空间发展当地特色体育事业。

从以上分析可见，在国家纲领性政策指导下，各地区冰雪政策的空间特征特色明显。从不同地区冰雪政策的发文时间与数量关系来说，各地区冰雪政策积极响应国家冰雪政策的发文走向，并且从数量增长方面呈现出“全国一盘棋”的发文趋势；从冰雪政策的发文区域与数量关系来说，总体呈现出“由北向南伸展，向东迈进，向西扩张”的走向趋势；从不同地区冰雪政策的发文主体特征来说，多元性的政策主体参与体现出冰雪事业的重要战略地位。

6.2.2 中国冰雪政策推动冰雪经济空间融合发展

政策对经济的走向及发展影响至关重要。通过以上分析，中国冰雪政策具有明显的空间特征。在国家冰雪政策的指导下，不同区域冰雪政策从发文时间的集中性、发文区域的广泛性、发文主体的多元参与性，体现出“全国一盘棋”的空间特征。冰雪政策的空间整体性也决定了全国冰雪经济的发展布局特征，推动中国冰雪经济呈现空间融合局面。考虑到冰雪经济体量较大，本文主要从冰雪经济的六大关键要素——冰雪资源、冰雪旅游、冰雪文化、冰雪教育、冰雪装备制造、冰雪科技角度，探讨冰雪政策对中国冰雪经济的融合推动作用。

通过对冰雪政策进行文本梳理概括并使用NLP技术对政策文本进行关键词筛选，了解到不同地区的冰雪经济发展重点。从政策发文数量可以看出，我国北部地区是冰雪运动及产业的核心区域，承担着我国冰雪项目开发的主要角色。从我国北部地区冰雪运动及产业的政策文本中，能清晰看到从国家层面到地方层面对冰雪运动及产业的支持力度和发展走向。①其中东北及西北地区基于冰雪资源丰富，冰雪资源、冰雪旅游成为冰雪经济的发展重点，强调传统冰雪文化的挖掘及文化宣传；京津冀地区抢抓冬奥会契机，主要发展冰雪场馆、冰雪体育、培养冰雪人才；华北地区（京津冀除外）侧重于冰雪装备设施的供给与完善；华中地区侧重于发挥教育优势，培养冰雪人才、完善冰雪装备设施；华东、华南地区则在响应国家冰雪政策基础上，充分发挥制造业基础优势及科技基础，针对性发展冰雪装备制造事业，创新冰雪科技，以产业优势弥补冰雪资源短板，培育冰雪经济新增长点；西南地区基于地形资源的天然优势，侧重发展冰雪教育，以培养冰雪运动人才。具体信息见表6-3。

由此可见，在新发展理念的指导下，冰雪经济不再是东北、西北、华北“三北”独大的地区不均局面，各地区都在北京申办冬奥会的政策利好下，发挥地区性优势，实现地区性冰雪经济的特色发展及互动交流，打破空间壁垒，展现出空间融合的局面。

表6-3　2015年以来全国各地区冰雪经济发展重点

地区	冰雪经济发展重点
东北地区	冰雪旅游业、冰雪旅游产品、冰雪旅游品牌、冰雪文化开发、冰雪运动人才培养、冰雪产业、冰雪运动装备、冰雪领域创新
京津冀地区	冰雪基础设施建设、专业人员培养、冰雪运动机制、冰雪产业开发、青少年冰雪运动、残疾人冰雪运动培育

① 成敬斋，陈璐瑶，宋昂.新时期中国北部冰雪运动及产业政策文本的量化分析［J］.科技经济导刊，2020，28（12）：176-177.

续表

地区	冰雪经济发展重点
华北地区（京津冀除外）	推进冰雪运动基础设施建设、冰雪产业发展
华中地区	冰雪基础设施完善、培育青少年冰雪运动
华东地区	推动基础设施建设、推动冰雪运动用品生产、建设冰雪运动俱乐部、推动青少年冰雪运动
华南地区	冰雪运动装备设施生产研发
西北地区	冰雪运动竞技水平提升、冰雪产业体系构建、冰雪旅游、校园冰雪运动、冰雪运动人才培养、加强冰雪文化宣传、完善冰雪运动基础设施
西南地区	形成冰雪产业体系、加大冰雪运动人才培养、青少年冰雪运动

6.3　政策视角下的冰雪经济四季融合发展

四季融合是冰雪经济破除季节障碍，在时间轴上形成供给侧与需求侧互为动力，形成相互促进、协调运行的循环发展。冰雪经济由于过高的资源依赖性，往往呈现出“一季养三季”的发展模式。这既不利于冰雪经济配套资源的可持续利用，也不利于冰雪经济的持续性发展。2020年新冠肺炎疫情突发，全国的冰雪运动行业遭受重创，如何实现行业变革，突破冰雪经济发展的季节性障碍，改变“一季旺、三季淡”的非均衡局面，推动冰雪经济的四季融合发展，成为冰雪经济发展的难点与重点问题。

6.3.1　中国冰雪政策的四季融合特征分析

北京冬奥会申办成功以来，在新发展理念、供给侧改革理念、“两山”理念的指引下，国家及地区层面出台相关冰雪政策，从冰雪产业角度突出强调冰雪事业的四季协调发展。

《实施纲要》指出：2020至2021年，形成“春夏秋冬各具特色、冰上雪上协调并进的局面”，从国家层面正式对冰雪经济的四季协调发展做出战略性指导。同时各地区也针对当地情况，对冰雪经济发展做出政策布局。2016年，吉林省委省政府发布的《关于做大做强冰雪产业的实施意见》指出：“坚持四季融合，发挥冰雪产业的季节垄断性优势，联动春秋、冬夏兼顾，实现全季节发展”，推动冰雪产业的四季协调发展；2018年，《陕西省冰雪运动发展规划（2018—2025）》提出“将冰雪元素纳入全年体育运动体系之中，促进冰雪产业实现全季节发展”，挖掘四季冰雪元素，推动冰雪产业的可持续发展；2019年山西省体育局发布《山西省体育产业重点项目推介》，提出“坚持四季融合，充分利用现有资源打造‘专、精、特、新’集全民健身、生态度假、避暑，休闲康养的基地”，进一步从整体角度系统发展体育产业，整合四季资源与产业体系。

6.3.2 中国冰雪政策推动冰雪经济四季融合发展

通过以上对冰雪政策的四季融合特征分析可知，国家及地区冰雪政策主要从冰雪产业角度推动全国冰雪经济在发展实践中实现四季融合发展。

东北地区以吉林省为例，从冰雪产业层面推动冰雪经济实现四季融合发展，联动春秋、冬夏兼顾，从四季冰雪装备制造与冰雪科技角度推动冰雪经济的四季融合与可持续发展；西北地区以陕西省为例，从冰雪产业层面根据春、夏、秋、冬四季特点，推动冰雪经济全季节发展。陕西省同吉林省相似，也主要从冰雪装备制造及冰雪科技领域实现冰雪经济的四季融合发展模式；华北地区（京津冀地区除外）以山西省为典型，冰雪政策的侧重点相对广泛，强调挖掘冰雪产业资源，以基地形式打造四季冰雪旅游胜地，从冰雪装备制造、冰雪科技层面推动冰雪经济的四季融合，更加强调全民、休闲、康养的冰雪经济四季融合发展模式。

由此可见，在冰雪政策的引领下，从冰雪经济的六大核心要素出发，冰雪经济多从冰雪产业领域推动冰雪经济的四季融合发展，其中冰雪装备制造与冰雪科技是冰雪经济四季融合发展的重中之重。冰雪旅游作为冰雪经济创收的重要方面，冰雪旅游与文化融合及其基地的四季运营模式已成为减少冰雪资源依赖，提高冰雪经济综合效益的重要手段。

6.4 政策视角下的冰雪经济社会融合发展

冰雪经济并非是单一的经济体，其发展与文化、生态、教育、科技等社会因素密切相关。冰雪经济的社会融合就是冰雪经济系统与其他经济、社会、文化、教育、科技等社会系统及其要素之间的相互融合，使冰雪经济系统适应社会发展需要及市场需求，可实现冰雪经济的长期可持续发展。

2015年北京冬奥会申办成功以来，国家及地区层面出台大量冰雪政策，冰雪经济呈现出与冰雪文化、生态、教育、科技融合发展的局面。本研究通过自然语言信息处理技术NLP对国家及地区层面的冰雪政策文件进行关键词内容筛选，利用Tableau软件对关键词进行整理并排序，通过词频高低了解到国家及地区层面冰雪政策的发展重点；同时通过进行冰雪政策文本关键词与冰雪经济关键要素词频进行比较分析，了解到国家及地区层面的冰雪政策对于推动全国冰雪经济与文化、生态、教育、科技等社会因素的融合具有重要推动作用。

6.4.1 中国冰雪政策的内容分析

关键词分析有利于准确把握国家及地区层面冰雪政策的侧重点，并反映出冰雪政策与文化、生态、教育、科技等因素的融合情况。本文通过NLP对国家及地区层面现存所有冰雪政策相关文件进行词频统计，并采用Tableau软件进行整理，考虑到庞大的词语筛选数量，本文只选取词频相对较高的词语，具体数据见表6-4、表6-5。

表6-4　国家层面冰雪政策关键词频率统计表

关键词	词频	关键词	词频
冰雪	1222	推动	175
运动	778	支持	170
发展	646	国家队	169
体育	515	相关	163
项目	430	水平	162
建设	412	机制	161
加强	398	体系	160
健康	394	保障	159
工作	331	参与	154
服务	299	实施	154
健身	252	休闲	151
社会	228	重点	142
组织	220	兴奋剂	141
训练	217	部门	139
完善	210	赛事	138
管理	210	促进	138
鼓励	209	冬季运动	138
教育	208	国际	136
产业	201	体育产业	134
推进	195	参赛	134
开展	192	创新	133
活动	190	提升	132
建立	187	竞技	130
运动员	177	企业	129
提高	177	积极	129

如表6-4所示，中国现存25项冰雪政策相关文件中，频率在1000以上的为“冰雪”一词，频率在500以上的为“运动、发展、体育”，频率在200以上的分别为“项目、建设、加强、健康、工作、服务、健身、社会、组织、训练、完善、管理、鼓励、教育、产业”。这说明国家层面现存文件中，冰雪运动、冰雪事业发展、冰雪体育、冰雪项目、加强冰雪建设、冰雪健身、冰雪服务、冰雪组织完善、冰雪运动训练、冰雪事业管理、鼓励发展、冰雪教育发展、冰雪产业建设为中国目前冰雪事业发展重点。

在国家冰雪政策指导下，各个地区冰雪事业建设重点也呈现出不同特色。如表6-4所示，东北地区及京津冀地区冰雪政策中出现频率最高的均为“冰雪”，其他地区均为“体育”，且华北、华东、华中、西北、西南地区政策的关键词统计中，“冰雪”一词出现的排名为第4、第5、第2、第5、第4，而华南地区“冰雪”一词出现的频率在50词以外。

表6-5 地区层面冰雪政策关键词频率统计表

东北地区		京津冀地区		华北地区		华东地区		华中地区		华南地区		西北地区		西南地区	
关键词	词频	关键词	词频	关键词	词频	关键词	词频	关键词	词频	关键词	词频	关键词	词频	关键词	词频
冰雪	1878	冰雪	2538	体育	647	体育	2157	体育	1163	体育	476	体育	1415	体育	1092
旅游	1298	运动	1184	健身	574	产业	769	冰雪	624	健身	205	健身	751	健身	475
体育	1286	冰雪运动	1024	运动	236	健身	694	产业	575	产业	173	产业	625	产业	443
产业	679	体育	648	冰雪	227	运动	569	健身	559	休闲	147	运动	545	冰雪	417
运动	644	项目	515	全民	220	冰雪	494	运动	556	健身休闲	142	冰雪	540	运动	344
健身	624	产业	483	全民健身	213	建设	446	冰雪运动	371	体育产业	110	休闲	529	建设	277
建设	623	建设	445	产业	190	项目	445	建设	354	建设	97	健身休闲	475	休闲	244
冰雪运动	439	冬季	312	建设	179	体育产业	438	休闲	348	项目	77	建设	369	体育产业	238
项目	422	健身	277	项目	178	休闲	415	健身休闲	315	设施	77	旅游	357	冰雪运动	227
设施	384	学校	264	休闲	161	赛事	317	项目	260	体育局	62	政府	343	健身休闲	223

由关键词分析可见，各地区冰雪政策关键词与国家层面大部分重合，这表明各个地区冰雪政策建设重点的趋势与国家总体政策保持一致；不重合的词语也能在一定程度上体现出地区性冰雪政策的不同侧重点。东北地区作为冰雪资源优势地区，积极贯彻国家层面的体育健身事业，以冰雪资源为基础，将冰雪旅游作为战略支撑，大力发展特色冰雪产业体系，完善冰雪基础设施，开展冰雪运动项目；京津冀地区在2022年冬奥会背景下，注重培育冰雪运动人才、大力发展学校冰雪教育，完善基础设施建设，积极开展群众性冰雪运动；华北地区基于丰富的冰雪资源，积极响应国家冰雪政策，大力推动群众性冰雪休闲运动、完善冰雪体育产业；华东地区利用人财物资源优势，积极发展冰雪产业，承办体育赛事；华中地区在国家政策指导下，大力挖掘本地冰雪资源，推动冰雪健身休闲事业发展，完善冰雪产业体系；华南地区避免冰雪资源短板，大力推进其他体育运动，并以产业优势代替冰雪资源短板，积极促进冰雪产业发展；西北地区重视政府在体育休闲事业中的战略推动作用，基于丰富的冰雪资源，发展冰雪旅游及体育健身事业；西南地区利用当地地形优势，积极发展体育运动及体育产业。综上，国家和地区层面的冰雪政策高频词统计结果也进一步验证了冰雪资源、冰雪旅游、冰雪文化、冰雪体育、冰雪装备制造和冰雪教育既是冰雪经济融合发展的核心要素，也是不同层面冰雪政策促进冰雪事业发展的重要内容。

6.4.2 中国冰雪政策推动冰雪经济社会融合发展

由以上冰雪政策词频分析可知，国家及各地区冰雪政策发展各有侧重。通过区域性冰雪政策文本关键词与冰雪经济六大关键要素——冰雪资源、冰雪旅游、冰雪文化、冰雪体育、冰雪装备制造、冰雪教育进行词频比较分析，冰雪经济呈现出与文化、生态、教育、科技融合发展趋势。

东北地区积极挖掘冰雪资源，大力发展冰雪体育，从冰雪产业领域推动冰雪装备制造，实现冰雪经济与科技的融合发展；京津冀地区以2022年冬奥会为导向，大力开展校园冰雪教育、培养运动人才，实现冰雪经济与教育的融合发展；华北、华东地区积极发展体育产业，推动冰雪经济与冰雪科技的进一步融合；华南地区避开冰雪资源短板，以产业优势发展冰雪装备制造，以领先科技为全国其他地区提供优质冰雪设备，实现冰雪经济与科技融合；西北地区充分挖掘冰雪资源、开展冰雪旅游，以政府政策为引领，实现冰雪经济与冰雪文化融合发展；西南地区利用地形资源优势积极发展山地冰雪运动，实现冰雪经济与生态融合发展。

由此分析可见，在国家冰雪政策引领下，全国及地区层面的冰雪经济发展并非是单一的冰雪事业目标，经济利益也并非是冰雪经济发展的唯一追求。在实现冰雪经济发展情况下，引领冰雪经济增长，推动冰雪经济与冰雪文化、冰雪生态、冰雪科技、冰雪教育，实现社会融合，发挥冰雪经济的社会价值，才是冰雪政策的最初使命。

6.5 高质量发展背景下冰雪经济融合发展路径创新

2017年，《决胜全面建成小康社会　夺取新时代中国特色社会主义伟大胜利》首次明确了中国经济发展由高速增长阶段转向高质量发展阶段，从此，“高质量发展”成为时代热词。在此背景下，“十四五”时期推动冰雪经济实现高质量发展成为必然之举。2019年，国家印发《关于促进全民健身和体育消费推动体育产业高质量发展的意见》，提出加快发展冰雪产业，促进冰雪产业与相关产业深度融合。为此，新时期中国冰雪政策应突破原有格局，促进冰雪经济多层次、多领域、多效能的深度融合，使冰雪经济成为时代新经济增长点。在高质量发展背景下，冰雪经济融合发展创新路径主要包括以下几个方面。

6.5.1 冰雪经济与乡村振兴战略融合

冰雪经济发展依托于冰雪资源，它是冰雪经济生存和发展的基础，也是冰雪经济的核心要素。中国冰雪资源主要包括可利用的积冰和积雪，稳定季节的冰雪覆盖面积高达420万平方米，主要分布在东北、华北以及西北的青藏高原区和新疆北部、西部。东北的亚布力滑雪场、北大湖滑雪场、长白山滑雪场、松花湖滑雪场，华北的崇礼滑雪场、云顶滑雪场，西北的阿勒泰滑雪场、可可托海滑雪场正是依托丰富的冰雪资源，成为中国冰雪运动、冰雪旅游及其他冰雪产业的重要场域。而这些蕴含丰富冰雪资源的场域也覆盖了广袤的农村地区。为此，在农村地区发展冰雪经济就必然深受国家乡村振兴战略的影响。

农村发展一直是国家工作的重点，“乡村振兴战略”更是把乡村发展上升为国家经济发展战略。[①]“十四五”时期是乡村振兴战略的发力期，也是农村全面小康后向全面实施乡村振兴战略转变的关键期。随着全面小康和脱贫攻坚目标的实现，中国“三农”工作的重点将逐步转移到全面实施乡村振兴战略上来。[②]为此，新时代的乡村振兴就要因地制宜，以特色资源发展特色经济，以点带面发挥乡村特色优势，从而激发乡村振兴的活力。对于冰雪经济发展而言，农村应依托丰富的冰雪资源、挖掘冰雪文化、促进冰雪旅游产业发展，把乡村建设成“产业兴旺、生态宜居、乡风文明、治理有效、生活富裕”的美丽乡村。为此，发展冰雪经济不能仅仅关注冰雪旅游、冰雪运动、冰雪装备制造等产业的发展，而是要把冰雪经济的发展置于国家乡村发展战略之下进行综合考量，从而带动乡村振兴。

6.5.2 冰雪经济与自然生态的和谐融合

2021年2月8日，国家出台了《冰雪旅游发展行动计划（2021—2023年）》，提出推动冰雪旅游形成较为合理的空间布局和较为均衡的产业结构，助力2022北京冬奥会和实现“带动三亿人参与冰雪运动”目标的

---

① 黄艺红，辜琳舒. 从“精准扶贫”到“美丽乡村”：慈善组织参与乡村振兴何以可能与何以可为[J]. 北华大学学报（社会科学版），2020，21（06）：69-80.

② 魏后凯，郜亮亮，崔凯，等. “十四五”时期促进乡村振兴的思路与政策[J]. 农村经济，2020（08）：1-11.

同时，特别强调“促进冰雪旅游发展同自然景观和谐相融”。明确了冰雪事业的发展尤其要重视自然生态的建设。其实，体育运动注重自然生态的保护由来已久。1991年国际奥委会修订《奥林匹克宪章》时，明确提出“奥运会应在确保环境问题受到认真关心的条件下举行”。1996年，《奥林匹克宪章》生效，保护环境已成为国际奥委会的任务之一。在中国，“实践证明，经济发展不能以破坏生态为代价，生态本身就是经济，保护生态就是发展生产力。”[①]为此，冰雪作为自然生态的重要因素，涉及诸多环境要素的冰雪事业发展就不能仅考核经济指标，也应当充分重视与自然生态协调，从而实现冰雪经济的绿色发展。

为促进冰雪经济与自然生态的融合，一方面可以将生态理念引入冰雪经济发展之中，在冰雪设施建设上注重崇尚自然、亲近自然、回归自然，强调人与自然、人与环境的和谐共生；另一方面，发展冰雪经济的同时，一定要注意生态环境的保护。尤其在发展冰雪运动、冰雪旅游时不可避免地涉及大片山地、林地的开发用以修建滑雪场、开辟有关景点、建设度假区和附属设施，如果不注重自然生态的保护，盲目地破坏性地开发，必然会使自然的生态环境遭到破坏。所以，发展冰雪经济并不单单以经济目的为导向，同时还要注重经济效益、社会效益和环境效益的和谐统一，从而保持冰雪经济可持续发展的动力。

6.5.3 冰雪特色经济与整体经济发展融合

特色经济是依托特色资源形成比较优势，进而形成特色产业集群，向市场提供优质产品的经济发展模式。从这个意义上说，冰雪经济是一种特色经济，是依托一定区域内的冰雪资源形成的，由冰雪运动、冰雪旅游、冰雪文化、冰雪装备制造、冰雪人才培养要素等构成的冰雪产业群，并向市场提供和冰雪相关的产品。伴随着2015年北京冬奥会的申办成功，作为一种特色经济的中国冰雪经济迎来了发展的契机，逐渐成为

---

① 新华网.习近平总书记在浙江考察调研讲话金句[EB/OL].(2020-04-01)[2021-09-30].http://www.xinhuanet.com/politics/2020-04/01/c_1125801655.htm.

中国经济新的增长极。《中国冰雪经济发展报告（2020）》指出，中国冰雪场地设施数量快速增长，截至2019年6月，全国室内滑冰场馆数量为388家，广泛分布在华北、华东、东北、中南、西南、西北和港澳台各个区域；预测到2023年，全国滑雪场数量将超过820家，冰雪产业总规模将达到10000亿元。[①]冰雪经济作为一种特色经济，其带动区域经济，从而推动国家整体经济发展的趋势日益明显。

但是，冰雪经济也是现阶段国家整体经济建设的一部分，要注意保持和整体经济发展的一致性和协调性，即与整体经济发展相融合。“十三五”时期，伴随着世界经济增长持续乏力，中国投资和消费需求增长的放缓，稳增长、促改革、惠民生成为国家整体经济的发展目标。经济进入新常态下，国家整体经济发展表现出了速度变化、结构优化、动力转换等特点。[②]首先，经济发展方式从规模速度型向质量型转变，经济增速不再追求中高速增长；其次，经济结构优化趋势加快，个性化、多样化的消费需求日益增长，新产业、新业态不断涌现。最后，科技创新成为经济发展的强劲动能。为此，作为整体经济的组成部分，冰雪经济在发展的过程中，要避免只注重规模速度的盲目开发。同时，把冰雪经济发展看成是实现民众美好生活的重要手段，从而走出以冰雪科技创新驱动的高质量发展之路。

6.5.4 冰雪经济发展与民生保障的融合

冰雪运动是冰雪经济的核心内容，而冰雪运动不仅是体育运动，也是民众的健康运动方式，更是美好生活的一种方式。为此，开展冰雪运动的意义就不仅仅是相关冰雪运动产业对经济发展的贡献，更是事关民众健康、惠及民生保障的重要手段。

2016年，国家连续发布了《发展规划》《建设规划》和《普及计

① 腾讯网.中国冰雪经济发展报告：冬奥会推动中国冰雪产业快速发展［EB/OL］.（2020-12-16）［2021-9-30］. https://new.qq.com/rain/a/20201226A0I1CU00.

② 张宇.新常态下中国经济发展的新特点［J］.中国领导科学，2016（03）：62.

划》，十分重视冰雪运动的推广普及，强调冰雪运动对增强人民体质、传播积极健康生活方式的重要作用。《普及计划》提出，“加强群众冬季运动推广普及，让更多群众参与体育健身，增强人民体质，共享美好生活”①。《发展规划》指出，“到2025年，要实现直接参加冰雪运动的人数超过 5000 万人，带动3亿人参与冰雪运动”②。2019年，《关于加快推进全国青少年冰雪运动进校园的指导意见》提出，“加快发展青少年冰雪运动，丰富学校体育内容，提升青少年学生体质健康水平，促进青少年身心健康、全面发展”③。事实表明，在国家政策层面上冰雪运动已成为一项关乎民众健康的重要手段。为此，要想促进冰雪经济的高质量发展，就应以“创新、协调、绿色、开放、共享”的新发展理念为指引，不以单纯追求经济效益及产业发展为唯一目标，而应看到为民众健康而发展、为民生保障而发展，才是冰雪运动的重要使命。

冰雪经济的融合发展实质是利益共享的冰雪事业高质量发展。为此，“十四五”时期，国家及地区层面的冰雪政策应进一步加强冰雪经济与乡村振兴、自然生态、整体经济和民生保障的深度融合，以走出中国冰雪事业高质量发展的创新之路。

---

① 中国政府网.23部门关于印发《群众冬季运动推广普及计划（2016-2020年）》的通知［EB/OL］.（2016-11-07）［2021-09-30］.http：//www.gov.cn/xinwen/2016-11/07/content_5128878.htm.

② 中国政府网.关于印发《冰雪运动发展规划（2016-2025年）》的通知［EB/OL］.（2016-11-25）［2021-09-30］.http：//www.gov.cn/xinwen/2016-11/25/content_5137611.htm.

③ 中国政府网.四部门关于加快推进全国青少年冰雪运动进校园的指导意见［EB/OL］.（2019-06-17）［2021-09-30］.http：//www.gov.cn/xinwen/2019-06/17/content_5400932.htm.

结论与建议

从冰雪体育的肇始到冰雪旅游的勃兴，从冰雪产业“3+X”架构到冰雪经济升级和融合发展，中国在短短数年间实现了冰雪经济量的扩张，成为全球最大的冰雪产业初级市场。如今，政府、业界和学者都在不断探索中国冰雪经济的发展模式，“冰雪+”体现了中国的冰雪经济正在走融合发展的道路。只有融合发展，冰雪经济才能够补足短板、提质升级，实现向高质量发展的跃升。本文正是在这样的背景下研究中国冰雪经济该如何实现融合发展的问题，研究发现总结如下：

7.1 基本结论

推动冰雪经济融合发展的内在动力，来自组成冰雪经济的核心要素及其与相关产业间的相互作用。因此，研究的起点在于对这些核心要素的提炼和分析。本文在政策梳理和文献整理的基础上，确定了冰雪资源、冰雪旅游、冰雪体育、冰雪文化、冰雪装备制造、冰雪教育培训六大冰雪经济核心要素。通过对这些要素之间耦合机制的深入分析，进一步验证了其对冰雪经济融合发展的推动作用。本文的研究重点是分别从空间维度、时间维度和社会维度，运用战略思维对冰雪经济如何融合发展进行了具体分析。其中，空间融合对应冰雪经济“西进东扩”战略、四季融合对应可持续发展战略，社会融合对应协调发展战略。融合发展路径归纳为：

空间融合的路径以冰雪资源开发为主线，区域合作为动力，采用对口支援、战略合作、示范引领、客源互换等形式，全力打造东北先行、“三北”引擎、全球合作的冰雪经济“大融合”发展模式。制定黑、吉、辽冰雪经济一体化发展纲要，发挥区位优势组建冰雪联盟，打破区域、行政、行业壁垒，打造以资源、资本、产业、技术联盟为载体的新产业发展格局，做强区域冰雪经济板块；以吉林长白山作为面向东北亚的可持续发展引擎，河北张家口作为面向东南亚的创新发展引擎，新疆阿勒泰作为面向中西亚的冰雪特色资源开发引擎，以“三北”引擎协同发展，促进东北、华北、西北三地联动，形成“贯穿东西、连接三北”的国内冰雪经济高质量发展产业带，助推中国冰雪经济跃升世界“第三极”。

四季融合的路径突出长白山脉、阿勒泰山脉、河北崇礼四季冰雪生态旅游和运动休闲度假的龙头作用，建设功能齐全的冰雪小镇，构建彰显冰雪休闲度假、温泉养生、观光体验、民俗文化的冰雪旅游产品体系。促进滑雪场项目建设与乡村振兴战略有效结合，通过滑雪场重点项目建设改善乡村基础设施条件，带动乡村服务业发展。增设冰雪博物馆、图书馆和庆典广场等地标性建筑，以“场景+活动”和“夜间经济”，打造城市“轻度假”模式。谋划四季特色业态产品，加大雪场反季旅游产品开发。加速推进滑冰场馆建设，充分考虑与新材料、新技术的结合，支持仿真冰馆和气膜馆研发。建设社区、乡村大众化的户外公益冰雪设施设备（露天公益冰场等），先行尝试建设社区冰场，平日供学校使用，节假日向社会开放，提高冰雪运动大众参与度，拓展冰雪经济四季消费供应链。

社会融合的路径以培育冰雪经济与政治、文化、生态、教育、科技融合发展为增长点。积极推动跨境冰雪度假，建设“冰雪丝路”创新发展示范区，以“冰雪丝路”国际论坛推动冰雪经济区域合作；打造冰雪文化IP，深度融合冰雪文化等，构建一体化的冰雪文化资源体系，从内外两个层面实现全面提升。“内”是用文化元素讲好冰雪故事，提升冰雪经济的文化价值；“外”是依托滑雪场品牌传播、精品冰雪节庆项目带动、冰雪运动名人效应、自媒体矩阵推广等方式提升冰雪城市形象；推进冰雪产业生态化和冰雪生态产业化，突出政府的引导作用，重点扶持有产业化前景的冰雪生态项目以及服务于生态的冰雪产业项目；充分发挥高校多学科优势，培养冰雪复合型人才，输送优秀人才到国际高水平教育机构进修以及邀请国际冰雪专业人士到中国做短期培训，破解冰雪人才短缺的困局，支持冰雪运动管理中心与冰雪特色学校签署战略合作框架协议，以“冰雪进校园”活动，推动冰雪教育教学、师资队伍建设、后备人才选拔、冰雪运动推广以及青少年赛事组织；通过成套设备引进、消化吸收与自主生产，促进冰雪装备制造业转型发展，创新智慧冰雪小镇建设，在智慧运动、智慧旅游、智慧交通等重点领域实现突破进展。聚焦冰经济与雪经济的融合，借鉴冰嬉文化开发冰资源，拓展冰上娱乐项目；植入冬令冰雪文化系列产品（如雪雕大赛、雪合战等），丰富雪资源开发，以“双轮”驱动市民群众参与冰雪体验。

在冰雪经济融合发展进程中，举国体制发挥了重要的支撑作用，因此，对国家和地方政策的分析显得尤为重要。本文的最后部分，实证分析了国家和地方政策对冰雪经济融合发展的促进作用。通过对中国各地区冰雪政策及政策下冰雪经济内容进行提炼分析，发现冰雪政策下南北地区冰雪经济发展各有侧重。虽然中国南北、东西冰雪资源及冰雪经济发展水平具有明显差异，但在冬奥大背景及国家冰雪政策指导下，呈现出“全国一盘棋”的空间融合性发展趋势。冰雪政策的四季融合特征分析研究表明，国家及地区冰雪政策从不同角度对文化、生态、教育、科技等社会因素进行政策响应，引导全国冰雪经济与文化、生态、教育、科技等社会因素在实践中的四季融合发展，呈现“春夏秋冬各具特色、冰上雪上协调并进”的局面。冰雪政策的社会融合特征分析证明，国家及地区层面的冰雪经济发展并非是单一的冰雪要素指标发展，经济价值也不是唯一的衡量标准，冰雪经济的高质量发展不但需要冰雪经济核心要素相互作用和融合，而且也需要与文化、生态、科技、教育等实现社会融合，只有这样，才能实现冰雪政策的最初使命。

7.2 创新与不足

本文从冰雪经济融合研究中提取核心冰雪经济要素，在冰雪经济高质量发展中系统分析彼此之间耦合的动力、机理和模式，进而形成纵横交错、交叉融合的发展路径并演化成系列政策，从学理层面对冰雪产业和冰雪经济进行深入研究，找出产业发展的动因机理、发展因素和未来趋势，具有一定的先行先试性和前瞻性。此外，本文聚焦于冰雪经济核心要素的分析，以及这些核心要素在空间融合、时间融合、社会融合的三维层面中的作用表现，辅之以案例的实证研究，体现了宏观分析与微观分析相结合的研究思路。

采用多学科角度对冰雪经济融合发展的研究并不多见，本文的研究融合了经济学、社会学、教育学以及制度经济学等多学科的理论视域，不仅关注冰雪经济的主要构成要素，还关注区域冰雪经济结构、冰雪企业与自然的相关性、冰雪经济与社会的相互作用以及冰雪政策的深度分析。在这些分析中融入了冰雪生态的挖掘和冰雪经济的科技创新，在研究内容上具有一定的拓展性。

本文对冰雪经济融合发展的研究依托于“南展西扩东进”战略、“协调发展”战略和“可持续发展”战略。在“战略思维”指导下，对于进一步推进中国冰雪经济融合发展、提升冰雪经济的战略地位、促进冰雪经济与科技以及文化和教育的充分融合、加速实现冰雪相关产业的迭代升级、构建现代化冰雪经济系统、实现冰雪经济的可持续发展、最终促进东北的全面振兴具有重要的实践价值。

由于吉林省冰雪经济发展在全国处于前列，并且囿于跨省实证和定量资料收集的困难，本文在理论和实证分析的时候，对吉林省冰雪经济研究有所侧重。随着近年来南方各省对冰雪产业的重视以及冰雪企业大量涌现，南方的冰雪热愈加明显，因此，南方各省冰雪经济发展动态也是不可小觑的重要部分，对这一部分的分析略有欠缺。

7.3 政策建议

近年来，吉林省高度重视发展冰雪经济，大力推进冰雪经济高质量发展示范区建设，努力打造新时代吉林振兴发展新动能。事实也证明：冰雪是吉林省宝贵的自然资源和发展资源，是巨大的产业潜力和竞争优势。所以，规划建设冰雪经济高质量发展示范区，是践行“冰天雪地也是金山银山”“大力发展冰雪经济，吉林要做好雪文章”的具体行动，是构建新发展格局、推动新时代吉林全面振兴全方位振兴的关键举措，是抢抓北京2022年冬奥会的有利契机、顺应后冬奥时期冰雪经济发展趋势的现实需要，更是冰雪经济融合发展的重要平台。因此，本研究建议将吉林市作为冰雪经济高质量发展示范区的节点城市和中国再次主办冬奥会等重大国际体育赛事的承办城市，在冰雪资源、冰雪运动、冰雪旅游、冰雪装备、冰雪教育和冰雪文化六个方面协同规划和建设。以冰雪教育和人才培养、培训为突破口，打造冰雪产业人才培养的“吉林模式”，即畅通政府、企业、高校冰雪产业人才培养贯通机制，构建政产学研一体化人才培养、技术研发、技能培训模式。模式的具体内涵是组建吉林冰雪学院和智慧冰雪研究院，借鉴产教融合、科教融合的办学理念，秉承“小而精、重实践、国际化”的办学定位，依托北华大学并整合有关教育资源，构建专科学生为主体，本科生、研究生协调发展的教育体系。合作引入社会力量，依托国家和省市重点支持，成为冰雪经济高质量发展试验区建设的领航者。同时，冰雪学院和研究院也是一个冰雪研究高端智库，聚焦冰雪教育、冰雪装备制造、冰雪医疗、冰雪营销、冰雪文创和冰雪旅游六个研究方向，优化吉林省冰雪产业结构，构建智慧冰雪新体系，为吉林省的冰雪产业全面可持续发展助力赋能。吉林冰雪学院和研究院将以冰雪产业链为基础，划分出六大要素，以点状要素优化带动产业链条智慧化运转；再由产业链运转惯性反向拉动点状要素优化升级，探索出一套生态化的智慧冰雪产业模式。除此之外，还要从以下几个方面加快发展、补齐短板：

冰雪教育方面，从冰雪运动、冰雪装备制造、冰雪产业管理等主要方向开发课程，培养高素质复合型专业技术人才。培育竞技人才、组建各类大学生竞赛队，培养一批技能强、素质高的大众化冰雪运动培训及服务管理人员。专业化培训冰雪装备、设施制造的相关人才，推动冰雪装备设施的本土化、智慧化发展。专业化培养滑雪场运营、冰雪装备制造的管理运营等方向的管理型人才，尽快建立滑雪场人事管理、装备管控、冰雪运动经营、服务水平监管、从业人员等级评估等多种培训机制。搭建人才孵化与人才供给的链式平台，留住和吸引人才。普及大众冰雪知识，提高参与意识。

冰雪装备制造方面，组建专业团队，研究吸收国外先进冰雪装备技术，学习国内成型的可推广品牌产品技术，结合吉林装备制造业实际，选择主攻方向，补短板，推动冰雪设施设备自主化研发。高起点开发数字化智能冰雪设备及其衍生品，例如开发智能手环与智能手机设备相连，以及蓝牙滑雪手套、智能WiFi护目镜、智能雪板与智能手机app等。特别是引进VR和AR的技术，建设虚拟的训练场，结合训练器材和陪练，实现雪场外的冰雪运动体验，延伸滑雪运动的季节性周期，提供沉浸式的冰雪运动体验。同时，研究建立滑雪场大型设备设施诊断监测评估系统，提高智能化水平。大力开发、推广大众型冰雪休闲运动服装。

冰雪文创方面，以挖掘冰雪特质为核心，以浓厚的区域冰雪文化内涵为灵魂，主导开发冰雪主题乐园，科普冰雪运动文化历史，传播奥林匹克冰雪运动文化，观看中国冰雪运动员竞技表演赛，培养国民特别是青少年的冰雪运动兴趣。展现吉林省冰雪民俗文化，还原民俗发展历史，感受冰天雪地里中国人民的传统智慧，推动冰雪民俗的传承与发展；融入最新的动漫、影视元素，开展冰雕、雪雕、冰雪音乐等艺术形式的表演和展览活动；建设冰嬉文化游乐场，感受冰雪所带来的独特乐趣，面向全国人民，特别是青少年群体，展示吉林省冰雪文化的独特魅力，感受冰天雪地中纯粹而热烈的文化灵魂。研发智慧旅游产品，通过大数据、物联网、沙盘等智慧化因素将旅游服务变得更加信息化、个性化、科技化、生态化和系统化，以实现旅游业进一步高质量发展。

冰雪智慧营销方面，从大数据的角度出发，智慧分析冰雪爱好者的行为模式、兴趣爱好以及个性化的需求，针对性地为冰雪企业提供信息，帮助企业为客户提供更加精准的冰雪业务服务，甚至给出冰雪产业发展趋势预估，辅助冰雪旅游、冰雪制造等产业做出有针对性的营销决策。开展大数据分析，完善智慧冰雪营销系统。

冰雪医疗方面，结合人体机能学、紧急救护学，中医理疗保健学等学科进行综合研究，为吉林省冰雪运动场开发建立一套合理完善的医疗救护措施，最大程度保护冰雪运动体验者的安全。

案例：

2018年9月28日，吉林省教育厅原厅长卢连大先生欣闻北华大学成立冰雪学院，短信祝贺！写道：前刘国中省长高度重视冰雪运动，对我的一个建议进行批示，并当面和我说过此事很重要。随后他亲自召集协调会议研究细节，务实精神令人佩服。时隔一年，北华大学成立了冰雪学院。李岩峰书记高瞻远瞩，任玉珊校长出师干大事儿，可喜可贺！祝愿吉林冰雪学院沐浴冬奥的“金山银山”，高起点、大手笔，越办越好，在新时代为吉林高等教育、为吉林经济社会事业的发展再立新功！

报告主要内容如下：

作为多年在政府工作过的老同志，对吉林省（包括东北）的发展思路能看得清楚的，唯有激发内生动力，大力培育新的增长领域，才有发展的动能。绿水青山是金山银山，特色雪山也是金山。2016年9月27日，省委、省政府出台《关于做大做强冰雪产业的实施意见》，目标虽然令人鼓舞，但是，到2020年还剩三年时间，至今尚未见到有明显的突破和较大的投资行为显现。我认为，似乎上下对“雪山”所具有的经济价值、附加价值、开发方向与重点路径还缺乏清晰的研究。下面，我想以吉林市永吉县周边的滑雪资源为例做一分析，供参考。

一是，作为雪场，自然资源禀赋独特，可以与世界十大雪场自然条件相媲美。20世纪90年代末期，我省实施“生态省”建设，通过采取禁猎、封山育林，临水大于15度角的土地退耕还田，拆除山林水系区域非法建筑等措施，现已呈现出林木茂盛、植被修复、空气清新、交通便利的新风貌。从我接待过的国内外客人对吉林的印象，自长春驾车向东，过了九台，一路自然风光景象，越走越像进入欧洲。夏季是绿水青山，秋季是五彩缤纷，冬季是雪山蓝天。按照国际雪场的大致标准来比较，我省吉林及其永吉区域的海拔高度、雪山形貌、四季温度、环境质量、机场距离、高速公路、高铁路网、供水供电设施、光纤通信设施、消费层次、人口素质、距中心城市距离、雪场经营等12个参数进行综合评价，无疑，这里是中国最具开展滑雪运动及滑雪休闲娱乐活动目的地的天赐条件。我们外延比较一下，长白山雪场还是远了一点儿，更冷了一点；长春净月雪场坡度不够理想；省外，黑龙江以亚伯力为代表的滑雪区域更是天冷路远，哈尔滨平原一带不具备条件；河北张家口等冬奥会举办地雪期短、冬季又受较重雾霾的影响；云贵地区的雪期、山体结构、交通条件等，都不能与吉林条件相比。南方室内滑雪成本太高，也是不现实的，这已成为国家体育局、滑雪运动业内所共识。欧洲和加拿大的类似区域，基本都拥有200个雪道左右，形成一定规模；显然，吉林以及永吉县整个山区，适宜建雪场、度假村，这里的资源潜力巨大。

二是，滑雪运动休闲旅游附加值高，持续处于市场需求升温状态。2016年底，我们考察了松花湖万科度假村与北大湖滑雪度假村。听到客人的实际消费结果令人吃惊。松花湖度假村人日均消费800～900元，北大湖度假村人日均消费2500～3000元。游客以欧洲、日韩、港澳台和江浙、广东、福建、北京等发达地区为主。两个度假村全部由地中海国际俱乐部全球经营团队管理，与世界各地雪场、海滨酒店连锁经营，员工普遍会说英语，照顾小孩的是菲佣。我们看了餐饮、酒吧、影院、KTV、健身房、球馆、儿童乐园等消费基础设施，感到高档舒适温馨。据酒店总经理介绍，入住率在92%左右。我问了一下，住酒店加滑雪价格为什么这样贵？价格这么贵客人为什么还这么多？答曰：开办雪场离不开人工造雪，而一条雪道一个月人工造雪的成本就要200万元，再加上租用全套雪具加服饰约上万元，成本高。问一来自日本少年滑雪团队的客人，你们为什么选择这里？答曰：来此训练是为了备战冬奥会，这里的雪好、赛道标准、设施好，最主要的是价格比日本便宜很多。从度假村环境看，我们在山下时，那天能感觉到有中度雾霾的存在，当我们乘坐缆车上到山顶（海拔约900米），发现山上天色湛蓝、白雪皎洁、树木挂霜、空气清新，银色世界很壮观！向山下眺望，看到一个灰雾帽子盖在地表。再与更多的游客交流，我们基本判断，漫漫冬季为什么要选择到吉林的滑雪度假村来休闲度假？首先是，这里有品位，天不冷，空气好，餐饮好，生活舒适，交通便利，专业化滑雪场提供教练与专业雪具，和国外没有什么不同；特别是，适合家庭、朋友们连续几天一起度假；而且价格比欧洲有超值性，加之欧洲反恐，安全风险增大等等。再进一步分析，几年后日本奥运会和中国冬奥会举办之后，滑雪运动及其休闲活动将会成为新的文化旅游消费热点，快速升温。据国外雪场发展经历，作为一项冬季健身时尚休闲运动，都是从高端向低端扩散，逐渐形成品牌的消费行为，经久不衰。综上分析，我们的资源是如此得天独厚，开发空间是如此巨大！显然，国内外游客的数量是随着度假村、雪场的容量和经营质量成正比增长的。无疑这是千载难逢的长线发展项目。

三是，滑雪休闲运动的兴起与度假村的建立，必然在有效半径带动产业链跟进发展，特别是，拉动一些高科技新产品的使用。我省有以下领域可以跟进研究：

——高山索道成套设备引进、消化吸收与自主生产，成为装备制造业转型发展的新方向。

——雪地机动车、雪橇、雪具及其防寒功能服饰的开发与生产，有助于拉动电动车、精密机械制造、新材料和轻工产业的兴起。

——开发大幅度降低成本的太阳能、氢能源（由水解制备）新材料与新装备，作为替代能源进行研制与生产，这是解决未来水电费用日益增高、降低运行成本的根本问题。我省有科教人才优势，新能源产业又是国家支持的新产业方向。

——人工智能与虚拟现实技术在滑雪运动中的体验与应用，可以解决中小学生参与冰雪运动与初学者模拟学习、安全教育问题，市场很大。成熟虚拟现实技术还可以外延到其他行业应用。

——研制新一代清洁环保设施及水处理系统，为雪场增多提供整体解决方案。

——拉动吉林、永吉等地的房地产项目、公寓租赁业与民居租赁业项目的发展。

——有助于我省冰雪运动教育机构的增加，解决人才需求与产业发展不断创新的可持续发展问题。

——开发长春龙嘉机场到吉林各雪场的直升机客运线路，逐渐进入日程。

我的建议是：

第一，把启动着力点放在促进人的流动上，以人流促物流，再带动货币的流动，实现“雪山变金山”的构想。比如，以实施国家长吉一体化战略为由头，在长春—吉林高速公路，假日部分时段实行免收费政策。假如在周五的15：00—23：00，周日的20：00—周一的6：00时段，小型轿车可以免费通行，势必会刺激客流量的增加（平时此段路客流也不多，闲也是闲着）；如果再对年满60岁的人群平日自驾游客给予进一步免费或放宽收费标准，也会进一步促进人的流动。据时任黑龙江省省长陆昊文章（2017.8.15人民日报13版），2015、2016年省外银行卡在黑龙江省刷卡交易额1651亿元、2302亿元，分别增长50.1%、39.4%。很好推算，如果我省以吉林和永吉为中心的“滑雪运动休闲”活动捆绑吉林雾凇，与哈尔滨的冰雕雪雕景观黄金旅游线路相结合，就是一条直接接纳去黑龙江旅游客人的完美线路。我们与龙江分享，花费少、见效快，互相补充；从观光客自身到黑吉游来算账，观看冰雕雪雕在哈尔滨可以一走一过，而以滑雪为目的的旅游在吉林停下比较划算，乘坐高铁只需要1.5小时，如果我们在吉林高铁站到雪场之间再建立起“共享汽车”“共享单车”的服务（对先行举办者给予财税政策补贴），也是吸引外地游客前来或利用自驾工具往来的优质服务之一。保守测算，如果接到黑龙江过来十分之一的“卡单”，意味着200多亿元的收入！显然，举全省之力，整合我省独特的冰、雪、雾凇等资源，附加我省丰富的历史、民族、地域等文化元素，必将会打造成一个世界著名的滑雪运动休闲旅游村，带动吉林经济社会的快速发展。

第二，把建立发展后劲，解决滑雪装备设施来源、专业技术人员来源和开展技术创新，支撑行业竞争力的供给侧问题作为支撑基础条件来超前布局。我省铁道职业技术学院地处永吉境内，可以此为基础，集全省乃至全国高校冰雪运动及其相关优势专业的技术与人才，包括从国内外引进领军人物，组建一所本科建制的吉林冰雪运动学院，抢占国内此类高校空白的制高点，从根本上解决未来冰雪产业技术升级、人才需求等“制约”问题。初步设想，学校以民营主导多元化社会融资机制为宜，既符合国家本科高校设置的原则（新办的公办本科院校基本不批），又可以实行灵活办学机制。该校地处雪场区域中心，新建校园山清水秀、典雅壮观，留有足够的后续发展用地，距吉林市仅有15公里，本身就具备吸引并留住人才、资金的都市环境氛围，周边房地产均价在4000～6000元/每平方米，入住成本不高，周边具备很好的城镇规划开发空间，可以参照世界十大著名雪场做法，进一步打造特色小镇。周边区域从农业供给侧角度，可以作为绿色食品蔬菜副食生产基地。此外，永吉县灾后重建也可考虑将行政商贸中心向该校所处地势较高的羊草沟方向迁移，这也是一个低成本解决永吉县城水患根本问题的好方案之一。

第三，行动起来，运用媒体迅速提升吉林高品质滑雪运动休闲生活品牌的知名度。目前景区、滑雪场与市区相连接道路条件一般，应纳入计划，加速改善。此外，公共卫生、餐饮食品、硬件设施、配套救护及环境安全性评价等方面的质量达标还应加快，要有监督保障体系。还有，冰雪产业的文化内涵丰富，但是我们明显缺乏文化设计。要建立中国人、外国人来了都很喜欢，吃喝玩乐活动样样高兴的文化“软实力”。要发掘滑雪运动休闲活动与各行各业跨界共同分享的可能机会在哪里，形成合力，组建具有国际竞争力的“滑雪运动度假村”目的地。我省品牌宣传要从孩子身上做起。要在孩子少年时代就打好喜爱滑雪运动的基础，在中小学义务教育阶段，普及滑雪及冰上运动等专业性体育课，对面向学生开放的雪场研制予以适当财税补贴。“酒香也怕巷子深”，在对冰雪情有独钟的南方地区也要开展必要的宣传，主动培育消费者。我省的动画学院与清华大学合作，在建国家“人工虚拟现实技术平台”可以利用虚拟现实技术与装备，使体验者有身临其境的感觉。这个项目可以把滑雪运动培训和虚拟现实技术结合起来，不受任何季节限制地对滑雪爱好者进行培训，应加快成果的推广。对省内高校、科研单位研究开发滑雪运动领域的高新技术，予以立项支持和科研经费的补贴。包括开发并使用新型清洁能源的雪场经营者，也可享受财税补贴政策。

第四，搞好配套服务，大力发展家庭自有房产租赁业，方便并降低游客在吉林消费成本，吸引更多的人流进入，同时增加本地居民的收入。全省要建立统一、有诚信、在线监控的民居租赁服务网站，切实保障租买双方的合法权益不受侵害。要研究启动激励性政策，比如，对当地居民自住房对外出租的，5年内免收个人所得税，对首次开展房屋租赁业务的公司，5年内免收房地产契税和土地使用费等等，可视进展情况再进行调整。

参考文献

[1] Robert Hollier. Marketing Europe as a Tourist Destination [J]. Tourism Management, 1997, 18(4): 195-198.

[2] 新藤健一郎. 旅游纪念品开发视点 [J]. 观光月刊, 2004, (11): 78-85.

[3] Dawson, J. , Scott, D. , Havitz, M. Skier demand and behavioural adaptation to climate change in the US Northeast [J]. In Leisure, 2013, 37(2), 127-143.

[4] Martin Falk. Ahedonic price model for ski lift tickets [J]. Tourism Management, 2008, 29: 1172-1184.

[5] 张德成. 黑龙江滑雪旅游的现状及发展态势 [J]. 旅游学刊, 1998(5): 50.

[6] Robert, 徐洁, 李念译. 杰克默克冬季旅游节 [J]. 景界, 2006, 3(4): 54-59.

[7] "白雪换白银" 吉林省全速推进冰雪产业发展 [N]. 中国旅游报, 2016-10-10(A06).

[8] 白玫. 抓住新矛盾、着力解决发展不平衡不充分难题——"十九大" 报告学习体会之新矛盾篇 [J]. 价格理论与实践, 2017(11): 11-14.

[9] 徐康宁. 供给侧改革的若干理论问题与政策选择 [J]. 现代经济探讨, 2016(04): 5-9.

[10] 贾康, 苏京春. 探析 "供给侧" 经济学派所经历的两轮 "否定之否定"——对 "供给侧" 学派的评价、学理启示及立足于中国的研讨展望 [J]. 财政研究, 2014(08): 2-16.

[11] 邓磊, 杜爽. 中国供给侧结构性改革: 新动力与新挑战[J]. 价格理论与实践, 2015(12): 18-20.

[12] 郭杰, 于泽, 张杰. 供给侧结构性改革的理论逻辑及实施路径[M]. 北京: 中国社会科学出版社, 2016: 45-46.

[13] 王先庆, 文丹枫. 供给侧结构性改革: 新常态下中国经济转型与变革[M]. 北京: 中国经济出版社, 2016: 205.

[14] 何自力. 推动供给侧结构性改革必须加强供给侧宏观调控[J]. 政治经济学评论, 2016, 7(02): 200-203.

[15] 贾康, 苏京春. 论供给侧改革[J]. 管理世界, 2016(03): 1-24.

[16] 赵栩. 以供给侧结构性改革引领经济新常态[J]. 中国经贸导刊, 2016(11): 4-6.

[17] 张五常. 鼓励内供远胜鼓励内需[N]. 财会信报, 2008-12-22(A11).

[18] 滕泰. 新供给主义宣言[J]. 中国经济报告, 2013(01): 88-92.

[19] 贾康. 新供给: 经济学理论的中国创新[M]. 北京: 中国经济出版社, 2013: 16.

[20] 贾康, 苏京春. 新供给经济学: 理论创新与建言[M]. 北京: 中央编译出版社, 2015: 11-14.

[21] 习近平. 在省部级主要领导干部学习贯彻党的十八届五中全会精神专题研讨班上的讲话[N]. 人民日报, 2016-05-10(002).

[22] 胡鞍钢, 周绍杰, 任皓. 供给侧结构性改革——适应和引领中国经济新常态[J]. 清华大学学报(哲学社会科学版), 2016, 31(02): 17-22+195.

[23] 吴敬琏, 厉以宁, 郑永年, 等. 读懂供给侧改革[M]. 北京: 中信出版社, 2016: 45-47

[24] 黄剑. 论创新驱动理念下的供给侧改革[J]. 中国流通经济, 2016, 30(05): 81-86.

[25] 逄锦聚. 经济发展新常态中的主要矛盾和供给侧结构性改革[J]. 政治经济学评论, 2016, 7(02): 49-59.

[26] 杨健. 互联网+2.0——供给侧改革与企业转型升级路线图[M]. 北京: 机械工业出版社, 2013: 226.

[27] 许经勇. 农业供给侧改革与提高要素生产率[J]. 吉首大学学报(社会科学版), 2016, 37(03): 20-25.

[28] 蔡昉. 新常态·供给侧·结构性改革: 一个经济学家的思考和建议[M]. 北京: 中国社会科学出版社, 2013: 285-286.

[29] 贾康. 新供给经济学的破与立[J]. 经济, 2017(07): 9.

[30] 盛朝迅, 黄汉权. 构建支撑供给侧结构性改革的创新体系研究[J]. 中国软科学, 2017(05): 20-29.

[31] 刘志迎, 徐毅, 庞建刚. 供给侧改革: 宏观经济管理创新[M]. 北京: 清华大学出版社, 2016: 110.

[32] 韩东. 坚持用马克思主义政治经济学指导供给侧改革[J]. 政治经济学评论, 2016, 7(06): 61-73.

[33] 韩保江, 王佳宁. 习近平新时代中国特色社会主义经济思想的源流和主线[J]. 改革, 2018(03): 5-23.

[34] 廖清成, 冯志峰. 供给侧结构性改革的认识误区与改革重点[J]. 求实, 2016(04): 54-60.

[35] 黄汉权. "八字方针"为供给侧结构性改革定向指航[N]. 经济日报, 2018-12-28(001).

[36] Wikler P G. Interest Croup Standards for Certification and Tourism Impacts at Ski Areas in the Summer[J]. Tourism Management, 1988, 15(2): 302.

[37] Andrew Holde. Skilled Consumption and UK Ski Holiday[J]. Tourism Management, 1998(2).

[38] Christian Rixen, Veronika Stoeckli, Walter Ammann. Does Artificial Snow Production Affect Soil and Vegetation of Ski Pistes?A Review[J]. Perspectives in Plant Ecology, Evolution and Systematics, 2003(4).

[39] Williams P. Tourism Demand Constraints A Skiing Participation[J].

Annals of Tourism Research, 2000, 21(4): 379-393.

[40] Peter Fredman. A Hedonism Price Model for Ski Lift Tickets[J]. Tourism Management, 2003(2).

[41] Chris Ryan. Impact of the Ski Industry on the Rio Londoner Watched[J]. Annals of Tourism Research, 2001, 28(1).

[42] Tobias Luthe. Impact of Ski Development on Ptarmigan at Cairn Corm [J]. Biological Consecration, 2007, 76-86.

[43] Goldmith, R., Seidl, A., & Weiler, S.(2001). Ski-tourism and the economy of summit conty, Colorado. Colorado State Un iversity Extension Agricultural and Resource Policy Report, 4, 1-7. Retrieved October 31, 2021 from https: //webdoc.agsci.colostate.edu/DARE/ARPR/ARPR%2001-04.pdf

[44] 孙丽波. 冰雪旅游产业对促进东北地区老工业基地经济振兴作用的研究[D]. 东北师范大学, 2011.

[45] 邹奇, 徐超. 吉林省冰雪产业发展现状研究[J]. 河南科技, 2015(23): 244+247.

[46] 王扬. 冰雪赛事旅游的多元化整合营销策略研究[D]. 吉林体育学院, 2016.

[47] 省委省政府关于做大做强冰雪产业的实施意见[N]. 吉林日报, 2016-09-27(001).

[48] 黄兆媛, 王达盈. 校企合作开发冰雪体育旅游的发展思路与对策分析——以吉林省长吉图开发先导区为例[J]. 中国学校体育(高等教育), 2016, 3(11): 6-9.

[49] 杨子新. 吉林绿色管理与绿色经济的政策与措施——打造“吉雪”品牌推动冰雪产业发展[A]. 中国科学技术协会、吉林省人民政府. 第十九届中国科协年会——分 6 生态文明建设与绿色发展研讨会论文集[C]. 中国科学技术协会、吉林省人民政府: 中国科学技术协会学会学术部, 2017: 6.

[50] 王鍬. 中国东北地区冰雪产业的政策引领机制研究[J]. 西部皮革, 2018(16): 113-114.

[51] 胡冰洋. 吉林市冰雪产业发展情况与建议[J]. 中国产经, 2018(09): 80-84.

[52] 邱凯, 孙佳梅. 黑龙江省冰雪经济产业发展研究[J]. 商业经济, 2013(22): 18-19.

[53] 安伊凡. 吉林省冰雪体育用品产业发展对策研究[D]. 吉林大学, 2014.

[54] 张文才. 吉林省冰雪旅游品牌发展研究[J]. 现代经济信息, 2016(21): 477.

[55] 端文新. 关于吉林省冰雪运动装备制造业发展的思考[J]. 现代交际, 2016(08): 38-39.

[56] 刘兵. 论中国冰雪产业发展的战略定位与战略效应——写在2019“中芬冬季运动年”之际[J]. 体育研究与教育, 2017(05): 2+7-12.

[57] 刘禹燕. 浅析冰雪实习基地对专业人才培养的影响——以吉林体育学院冰雪学院为例[J]. 现代交际, 2017(01): 180-181.

[58] 白雪. 吉林体育学院冰雪运动专业本科人才培养现状及对策分析[J]. 当代体育科技, 2018, 8(22): 115-116.

[59] 陈玉田, 王开宝, 刘玉力, 等. 依托吉林省冰雪体育产业联盟的市场运作研究[J]. 冰雪运动, 2018, 40(01): 85-88+96.

[60] 迟嵩. 冰雪资源管理的法律问题研究[D]. 东北林业大学, 2010.

[61] 雷国飞. 消费需求升级背景下中国冰雪体育产业供给转型研究[J]. 广州体育学院学报, 2017, 37(06): 45-49.

[62] 张英. 供给侧视角下黑龙江省冰雪产业发展策略研究[J]. 中国市场, 2017(31): 81-82.

[63] 何丽芳. 论山水自然景观旅游地文化的构建[J]. 商业研究. 2006, (11): 24-28.

[64] Vail, David, & Hultkrantz, Lars. (2000). Property rights and sustainable nature tourism: Adaptation and mal-adaptation in Dalarna

(Sweden) and Maine (USA). Ecological Economics, 35 (2), 223-242.

[65] 王泽雨. 2022年北京冬奥会新增项目对中国冰雪运动的影响分析[J]. 拳击与格斗, 2021(08): 106-107.

[66] 王旭光. 冰雪产业将迎破圈时刻[N]. 国际商报, 2021-07-28(005).

[67] 陈华. 京津冀冰雪装备产业"加速跑"[N]. 河北日报, 2021-07-05 (008).

[68] 魏晓峰, 李波. 命题性引领与绩效性支持: 冰雪运动普及人员双元知识能力培育实践探索[J]. 成人教育, 2021, 41(08): 84-87.

[69] 杨苓, 韩朝阳. 产业链视角下中国冰雪体育产业高质量发展机遇、挑战及路径[J]. 湖北体育科技, 2021, 40(07): 618-621.

[70] 李海霞, 吕吉勇, 李国龙, 胡光义. "钻石模型"视域下中国冰雪体育产业竞争力评价[J]. 哈尔滨体育学院学报, 2021, 39(04): 53-58.

[71] 王静. 黑龙江省冰雪体育资源产业化开发研究[D]. 哈尔滨体育学院, 2021.

[72] 王傲宇. 中国冰雪马拉松赛事开展现状分析与优化策略[D]. 哈尔滨体育学院, 2021.

[73] 王洋. 基于熵权-耦合的冰雪经济与城市劳动力供需协调度研究[J]. 统计与决策, 2020, 36(02): 85-88.

[74] 王伯金. 振兴东北老工业基地对吉林省冰雪体育旅游发展的影响[J]. 商场现代化, 2009(07): 229.

[75] 吉林省统计局,《2019年吉林省国民经济和社会发展统计公报》.

[76] 王飞. 中国滑雪场冬奥会后效益规划研究[J]. 首都体育学院学报, 2019, 31(0 3): 211-214.

[77] 张贵海. 基于"一带一路"战略下中俄冰雪产业国际合作研究[J]. 商业经济, 2017(07): 1-4.

[78] 伍斌.《中国滑雪产业白皮书(2019年度报告)》, 2019.

[79] 王勇. 民族文化, 民族地区冰雪体育产业差异化发展的关键要素[J]. 贵州民族研究, 2015, 36(12): 214-217.

[80] 何文义，郭彬，张锐. 新时代中国冰雪产业本质及发展路径研究［J］. 北京体育大学学报，2020，43（01）：29-38.

[81] 黄磊，林显鹏. 从滑冰产业现状看中国冰雪产业发展潜力研究［J］. 湖北社会科学，2019（10）：78-83.

[82] 朱馥萍. 冰雪经济对黑龙江省区域经济的影响［J］. 商业经济，2008（03）：11-12+110.

[83] 何于苗，陈元欣，滕苗苗，蔡明明. 中国冰雪产业发展与市场开发研究［J］. 河北体育学院学报，2017，31（01）：23-27.

[84] 张春雷，王庆然. 新常态下中国冰雪产业发展的应对策略［J］. 中国学校体育（高等教育），2017，4（01）：1-5.

[85] 李在军. 冰雪产业与旅游产业融合发展的动力机制与实现路径探析［J］. 中国体育科技，2019，55（07）：56-62+80.

[86] 张贵海. 试论东北亚冰雪产业区域合作［J］. 学术交流，2013（10）：83-88.

[87] 赛迪顾问，《2019中国冰雪产业演进及投资价值研究白皮书》，2019.

[88] 郭金丰. 北京冬奥会背景下推动中国冰雪产业发展的对策［J］. 经济纵横，2018（08）：114-120.

[89] 笪志刚. 黑龙江省冰雪经济发展的国际化思考与路径选择［J］. 商业经济，2018（06）：1-7+49.

[90] 《中国冰雪旅游消费大数据报告（2020）》. 中国旅游研究院与携程旅游大数据联合实验室. 2020. 1

[91] 《冰雪意见》实施三周年 吉林冰雪产业多点开花，新华网［EB/OL］. http：//www. jl. xinhuanet. com/2019-11/30/c_1125291531. htm（2019-11-30）.

[92] 中国旅游研究院，《中国冰雪旅游发展报告2020》（文化和旅游部数据中心）. 2020. 1

[93] 中国冰雪旅游人数首次超过2亿人次 前十强冰雪旅游城市出炉. ［EB/OL］https：//travel. ifeng. com/c/7t1EEDn6Mj2.

[94] 2019年春节河北接待游客2200万人次 冬季冰雪旅游升温明显，中商情报网. [EB/OL] https://www.askci.com/news/chanye/20190211/1408311141337.shtml（2019-02-11）.

[95] 泰山集团智能冰雪装备器材项目获国家扶持资金1661万元. [EB/OL] http://www.dezhoudaily.com/dzyw/p/1472279.html（2019-9-5）.

[96] PolanyiK.：The Great Transformation：The Political and Economic Origins of Our Time. Beacon Press，2001：112.

[97] GranovetterM.：EconomicActionandSocialStruc—ture：The Problem of Embeddedness. Journal of Sociology，1985，（91）：481-510.

[98] 马克思.《政治经济学批判》序言，导言[M]. 政治经济学批判序言、导言. 人民出版社，1971.

[99] 杨森. 中国马克思主义文化观的实践、创新与发展[J]. 山东省社会主义学院学报，2020（02）：68-74.

[100] 郭建宁. 文化发展与社会进步[J]. 长沙水电师院学报（社会科学版），1992（04）：78-83.

[101] 王景富. 冰城冰雪竞妖娆——哈尔滨冰雪文化的巨大作用[J]. 学理论，2010（1）：87-89.

[102] 曹友竹. 做好冰雪产业这篇大文章[N]. 吉林日报，2019-12-18（013）.

[103] 马克思恩格斯全集（第25卷）[M]. 北京：人民出版社，1975：926.

[104] 赵永新. 生态文明建设与经济可持续发展[C]. 中国环境科学学会. 2014中国环境科学学会学术年会（第一章）. 中国环境科学学会：中国环境科学学会，2014：45-47.

[105] 杜成信. 低碳，通向生态化城市的唯一路径[J]. 今日国土，2016，000（005）：36-38.

[106] 孙启明. 关于东北振兴，习总书记如何谋划——全方位振兴东北的五大战略[J]. 人民论坛，2018（35）：76-78.

[107] 马克思，恩格斯. 马克思恩格斯全集[M]. 人民出版社，1960：223.

[108] 列宁. 列宁全集（2）（第2版）（增订版）（精）[M]. 人民出版社，2013：

360.

[109] 王锥鑫. 中国冰雪运动竞技人才储备与发展路径研究[J]. 南京体育学院学报(社会科学版), 2017, 31(02): 82-87.

[110] 张明国. 马克思主义科学技术观概述[J]. 洛阳师范学院学报, 2017, 36(10): 1-7.

[111] 马克思恩格斯文集: 第3卷[M]. 人民出版社, 2009: 602.

[112] 点冰成美玉 化雪为金银——我省冰雪经济发展扫描[N]. 吉林日报 2019- 09-16.

[113] 征程风正劲 追梦新时代——2018年全省旅游业高质量发展回眸[N]. 吉林日报2019-03-05.

[114] 长吉图特色旅游发展总体规划(汇报稿). 上海奇创旅游景观设计有限公司. 2010. 12: 89-92

[115] 从冬季经营到四季经营, 国内滑雪场要躲过哪些坑? [EB/OL] http: // www. ispo. com. cn/news/detail/4e2KXwM(2016-8-24).

[116] 张怡恬. 深刻认识和切实推动高质量发展——学习习近平同志参加内蒙古等代表团审议时关于高质量发展的重要论述. [EB/OL] http: // theory. people. com. cn/n1/2018/0320/c40531-29877262. html(2018-3-20).

[117] 安淑新. 促进经济高质量发展的路径研究: 一个文献综述[J]. 当代经济管理. 2018(09): 11-17.

[118] 高培勇, 袁富华, 胡怀国, 刘霞辉. 高质量发展的动力、机制与治理[J]. 经济研究. 2020, (4): 4-19.

[119] 金世斌. 改革开放以来中国体育政策演进与价值嬗变[J]. 体育与科学, 2013, 34(01): 36-41.

[120] 朱传耿, 王凯, 丁永亮, 董艳梅. 改革开放40年来中国体育政策对发展理念演变的响应及展望[J]. 体育学研究, 2018, 1(06): 1-11.

[121] 肖贵清. 十八大以来中国特色社会主义理论创新研究[M]. 中国人民大学出版社: 马克思主义研究论库, 201812. 414.

[122] 李翀. 论供给侧改革的理论依据和政策选择［J］. 经济社会体制比较，2016（01）：9-18.

[123] 盖洋. 中国青少年体育政策评估研究［D］. 上海体育学院，2019.

[124] 唐杨洋，席翼，罗俊峰. 我国冰雪运动发展政策研究［J］. 冰雪运动，2018，40（06）：31-35.

[125] 肖谋文. 从功能演绎到制度变迁：改革开放后中国体育政策的演进［J］. 北京体育大学学报，2012，35（02）：16-18+38.

[126] 李壬冬，扈春荣. 中国冰雪运动发展政策70年演进：历程、特征与趋势［J］. 沈阳体育学院学报，2020，39（04）：46-51+59.

[127] 周文. 警惕借供给侧结构性改革兜售西方理论［J］. 红旗文稿，2016（10）：18-21.

[128] 中共中央文献研究室. 习近平关于社会主义经济建设论述摘编［M］. 北京：中共文献出版社，2017：29-30

[129] 王婧文，张崇龙，叶茂盛，邱招义，王寅博. 国外冰雪运动政策运行经验与启示研究——基于政策网络理论的分析［J/OL］. 沈阳体育学院学报：1-9［2021-09-30］. http：//222. 161. 207. 51：8000/rwt/CNKI/http/NNYHGLUDN3WXTLUPMW4A/kcms/detail/21. 1081. G8. 20210914. 1543. 004. html.

[130] 成敬斋，陈璐瑶，宋昂. 新时期中国北部冰雪运动及产业政策文本的量化分析［J］. 科技经济导刊，2020，28（12）：176-177.

[131] 黄艺红，辜琳舒. 从“精准扶贫”到“美丽乡村”：慈善组织参与乡村振兴何以可能与何以可为［J］. 北华大学学报（社会科学版），2020，21（06）：69-80.

[132] 魏后凯，郜亮亮，崔凯，张瑞娟，檀学文. “十四五”时期促进乡村振兴的思路与政策［J］. 农村经济，2020（08）：1-11.

[133] 新华网. 习近平总书记在浙江考察调研讲话金句［EB/OL］.（2020-04-01）［2021-09-30］. http：//www. xinhuanet. com/politics/2020-04/01/c_1125801655. htm.

[134] 腾讯网. 中国冰雪经济发展报告：冬奥会推动中国冰雪产业快速发展[EB/OL].（2020-12-16）[2021-9-30]. https：//new. qq. com/rain/a/20201226A0I1CU00.

[135] 张宇. 新常态下中国经济发展的新特点[J]. 中国领导科学，2016（03）：62.

[136] 中国政府网. 23部门关于印发《群众冬季运动推广普及计划（2016-2020年）》的通知[EB/OL].（2016-11-07）[2021-09-30]. http：//www. gov. cn/xinwen/2016-11/07/content_5128878. htm.

[137] 中国政府网. 关于印发《冰雪运动发展规划（2016-2025年）》的通知[EB/OL].（2016-11-25）[2021-09-30]. http：//www. gov. cn/xinwen/2016-11/25/content_5137611. htm.

[138] 中国政府网. 四部门关于加快推进全国青少年冰雪运动进校园的指导意见[EB/OL].（2019-06-17）[2021-09-30]. http：//www. gov. cn/xinwen/2019-06/17/content_5400932. htm.

[139] 吉林市加速推进冰雪产业做大做强. 新华网[EB/OL]. https：//baijiahao. baidu. com/s?id=1677005597277796773&wfr=spider&for=pc（2020-09-05）.

[140] 冰雪厚爱一座城——2020-2021吉林市冰雪季综述. 腾讯网[EB/OL]. https：//new. qq. com/omn/20210402/20210402A01T2600. html（2021-04-02）.

[141] 吉林省除省会外唯一一个“较大的市”，现为三线城市. [EB/OL]. https：//www. pinlue. com/article/2018/11/2800/377692961024. html（2018-11-28）.

[142] 吉林市简介. 央视网[EB/OL]. http：//news. cntv. cn/2013/09/06/ARTI1378456120410888. shtml（2013-09-06）.

[143] 吉林市地理概况. 吉林市人民政府[EB/OL]. http：//www. jlcity. gov. cn/sq/jlgl/zrdl/201705/t20170520_16858. html（2013-09-06）.

[144] 吉林市国际雾凇冰雪节. 百度百科[EB/OL]. https：//baike. baidu.

com/item/吉林市国际雾凇冰雪节/6191931?fr=aladdin#12（2021-09-23）.

［145］吉林市概况. 百度文库［EB/OL］. https：//wenku. baidu. com/view/60ef4d5c59fb770bf78a6529647d27284a73374b. html（2021-09-23）.

［146］吉林历史. 百度文库［EB/OL］. http：//www. wutongzi. com/a/153055. html（2021-9-23）.

［147］松花湖滑雪场. 百度百科［EB/OL］. https：//baike. baidu. com/item/松花湖滑雪场/8956068?fr=aladdin（2021-9-23）.

［148］北山四季越野滑雪场. 百度百科［EB/OL］. https：//baike. baidu. com/item/北山四季越野滑雪场/20797722?fr=aladdin（2021-9-23）.

［149］朱雀山滑雪场. 百度百科［EB/OL］. https：//baike. baidu. com/item/朱雀山滑雪场/2759598?fr=aladdin（2021-9-23）.

［150］北山滑雪场. 百度百科［EB/OL］. https：//baike. baidu. com/item/北山滑雪场/1750481?fr=aladdin（2021-9-23）.

［151］吉林市体育局与市教育局联合开展中小学生上冰雪活动. 吉林市体育局（网易新闻）［EB/OL］. https：//3g. 163. com/news/article/FTV4RE5R041197VA. html（2020-12-16）

［152］闫斌，朱奕名，徐英宏，韩涛. 雾凇之都 滑雪天堂［J］. 新长征（党建版），2020（01）：2+65.

［153］北华大学冰雪学院简介［J］. 北华大学学报（社会科学版），2019，20（02）：157.

［154］鲁尧. 吉林市公共冰雪体育服务供给问题研究［D］. 中共吉林省委党校（吉林省行政学院），2020.

［155］孟宪平. 吉林市冰雪装备产业发展情况. 吉林省政府发展研究中心［EB/OL］. http：//fzzx. jl. gov. cn/yjcg/yjcg_2020/202009/t20200929_7561658. html（2020-09-28）.

［156］曹保明. 2011. 吉林：中国“鹰屯”举办首届鹰猎文化节. 温州网［EB/OL］. http：//news. 66wz. com/system/2011/01/09/102331630. shtml

(2011-01-09)

[157] 吉林冰雪温泉文化节开幕. 吉林日报[EB/OL]. http: //blog. sina. com. cn/s/blog_620835ad0100g0am. html(2009-12-25).

[158] 2020-2021雪季吉林市接待游客超1800万人次收入超310亿元. 吉林雾凇台[EB/OL]. http: //jl. sina. com. cn/news/jcxw/2021-03-28/detail-ikknscsk2713260. shtml(2021-03-28)

[159] 吉林市政府工作报告. 吉林市政府网[EB/OL]. http: //www. ahmhxc. com/gongzuobaogao/21085. html(2021-03-24).

[160] 任桐. 冰雪旅游目的地引力模式的理论与实证研究[D]. 东北师范大学, 2012.

[161] 2021年元旦假期旅游综述. 搜狐网[EB/OL]. https: //www. sohu. com/a/442718111_100054100(2021-01-06).

[162] 东北第一滑雪圣地，吉林市九大滑雪场嗨翻整个冬日. 新浪网[EB/OL]. http: //k. sina. com. cn/article_6401543647_17d8fcddf001003wzd. html(2018年02月09日)

[163] 郝小芳. "吉林松花湖滑雪场简介"汉英翻译反思性研究报告[D]. 吉林华桥外国语学院, 2016.

[163] 吉林市冬季旅游线路. 吉林市行[EB/OL]. http: //www. tiantianbobao. com/?news/106(2020-12-15)

[164] 杨安娣. 关于"十四五"时期吉林省冰雪经济高质量发展的思考[N]. 协商新报, 2020-12-04(002).

[165] 王光龙. 论经济要素流动：结构、原则、效应与演进[J]. 江海学刊, 2011(04): 102-107.

[166] 孙赫. 任务驱动教学法在高山滑雪课中对滑雪技能和学习投入影响的实验研究[D]. 沈阳体育学院, 2021.

[167] 吕佳兴. 高山滑雪课程小群体教学模式应用研究[D]. 吉林体育学院, 2020.

[168] 高江峰. 2022年冬奥会背景下黑龙江省青少年滑雪运动发展对策研究

[D]. 哈尔滨体育学院, 2020.

[169] 陈晓花. 北京市延庆区冰雪特色校小学冰雪运动开展现状研究[D]. 首都体育学院, 2020.

[170] 孙有. 牡丹江市初级中学冰雪类课程教学开展现状与对策研究[D]. 牡丹江师范学院, 2020.

[171] 苗琼玉. 北京冬奥会背景下吉林省高校冰雪运动项目课程建设现状与发展策略研究[D]. 吉林大学, 2020.

[172] 王翼腾. 小组合作教学法在体育院系滑雪教学中的实验研究[D]. 牡丹江师范学院, 2019.

[173] 周若晨. 哈尔滨体育学院高山滑雪普修课教学现状研究[D]. 内蒙古师范大学, 2018.

[174] 徐鹏飞. 黑龙江省高等院校滑雪课开展的现状分析[D]. 哈尔滨体育学院, 2016.

[175] 邵帅. 吉林省普通高校体育专业越野滑雪课程开展的可行性研究[D]. 吉林体育学院, 2016.

[176] 朴政林. 延边大学滑雪课程及其教学效果调查分析[D]. 延边大学, 2015.

[177] 梁显辉. 黑龙江省部分普通高校滑雪课教学改革与创新研究[D]. 哈尔滨体育学院, 2014.

[178] 安佰丞. 吉林省大众滑雪现状及存在问题分析[D]. 延边大学, 2013.

[179] 祝汉祯. 哈尔滨市普通高校滑雪课教学难点及影响因素的研究[D]. 哈尔滨工业大学, 2011.

[180] 滕铁民. 哈尔滨市普通高校冬季大面积开设滑雪选项课的可行性研究[D]. 东北师范大学, 2011.

[181] 徐辉. 长春市普通高校越野滑雪教学的现状及对策研究[D]. 东北师范大学, 2007.

[182] 张红岩. 黑龙江省体育院系开设滑雪课的现状及影响因素的研究[D]. 北京体育大学, 2007.

[183] 董传升. 萌芽中的中国冰雪运动装备制造业［J］. 环球体育市场, 2010（01）: 26-27.

[184] 张贵海. 中国滑雪产业发展问题研究［D］. 东北林业大学, 2008.

[185] 宋晓雪. 中国滑雪场设施与装备发展现状及对策研究［D］. 北京体育大学, 2017.

[186] 尹振. 国外发达国家校园冰雪文化的营造及对中国的启示［J］. 体育科技文献通报, 2020, 28（04）: 181-184.

[187] 邢晓燕, Eric MacIntosh, 刘平江, 闫昕. 加拿大青少年冰雪运动发展特征及启示［J］. 体育成人教育学刊, 2019, 35（06）: 45-49.

[188] Hasselgrd, Anders. Norwegian Sports Aid: Exploring the Norwegian'Sport for Development and Peace'Discourse［J］. Forum for Development Studies, 2015, 42（1）: 1-25.

[189] 杨斌. 中国滑雪产业的现状和发展趋势探讨［J］. 文体用品与科技, 2014（20）: 24-25.

后　记

对于大学校长来说，稳妥处理学校的“公家田”和科研的“自留地”之间的关系，一般不担任科研项目主要负责人，却也会投入感兴趣的学科领域的课题研究或组织完成课题的研究任务，谓之专长或任务使然。对于我来说，关注冰雪经济领域的研究并组织课题组开展研究活动，超出了我的学科专业视域，已不是泛泛其词地完成课题任务可以解释的，更多地带有一定的使命感和责任感，也就具有了独特的驱动力。从这个意义上讲，我和我的团队选择冰雪经济有关的研究领域，充分体现出了作为北华大学的老师全力抢抓北京2022冬奥会战略机遇期，跟踪冰雪经济研究的前沿课题，深度思考冬奥放大效应，服务吉林省冰雪产业发展应该担当的使命与责任。当然，这也正是北华大学践行“绿水青山就是金山银山，冰天雪地也是金山银山”理念、落实“大力发展寒地冰雪经济，吉林要做好雪文章”指示，全面服务吉林省“一主六双”高质量发展战略的使命所在，责任所系。

因此，在审校书稿的过程中，这几年来关于冰雪的教学和研究的点滴往事都浮现在眼前。2018年12月，北华大学冰雪学院的成立得到了安立佳副省长、吉林市刘非市长的大力支持，亲临现场揭牌助阵。吉林省文化和旅游厅金振林处长（现任副厅长）、清华大学校友总会副秘书长陈伟强教授、哈尔滨体育学院朱志强校长、北京卡宾滑雪集团股份有限公司伍斌总裁、世纪星滑冰俱乐部范军董事长等在首届冰雪教育论坛登台开讲，并携手吉林北大湖、万科松花湖和长白山鲁能滑雪场以及中国滑雪协会、挪威斯威克斯体育产业公司等成立了全国首家冰雪教育联盟。特别是全国冰雪创意大赛的连续举办，吸引了数以万计的大中小学生和研究生参加，上万件作品充分展示了学生们的向往和灵性，激发了青少年的冰雪创意、创新和创造热情。几年来，冰雪运动、冰雪装备等数十个本专科专业、学科研究方向陆续培养冰雪专门人才，还在万科松花湖滑雪场建立了冰雪教育研究生培养基地。冰雪学院学生参加2020中国大学生滑雪比赛暨第30届世界大学生冬季运动会越野滑雪项目选拔赛，越野长距离赛、越野锦标赛和滑雪定向赛共16个金牌项目，北华大学获得7金9铜3银的好成绩，另外还获得2021年全国大学生冰壶锦标赛第二名。老师们结合学科专业特点，组成课题组积极参与到冰雪产业的有关研究上来，形成了学科研究和发展的新特色，例如：李建勇的国家科技冬奥重点专项"穿戴式冰雪运动装备运动风险和效能评价关键技术平台研究"的子课题"冰雪运动鞋类舒适性、手套力触觉反馈运动效能指标测试与评价研究"，罗春阳、孙艳、刘华伟的吉林省科技计划项目"滑雪板力学性能测试平台""特色冰雪旅游智慧服务云平台"和"AR滑雪头盔"，王立才的"智能化3D雪雕打印"、李春颖的"冰雪运动的中医康复"、张竞的"冰雪产业创新发展"、刘雪松的"冰嬉文化与冰雪旅游"以及汪伟亮的"国际雾凇冰雪节雪雕"等。所有教学与科研活动的探索实践，证明"两山"理念已在北华大学落地生根，这也是吸引我关注冰雪研究的重要原因之一。自2015年以来，国家出台了25项支持冰雪产业发展的政策，省市地方政府配套出台了近120项支持政策，不仅极大地促进了冰雪产业和经济的快速发展，而且相关的问题已成为众多研究者关注的热点研究领域，我和我的团队也开始了冰雪经济的研究工作。从"带动三亿人参与冰雪运动"的愿景引领，到冰雪经济融合发展研究主题的确定；从学理基础的系统构建和40年来冰雪主题文献的检索量化，到冰雪场馆和企业发展现状的访谈调研；从冰雪经济五要素或六要素选择的疑虑，到核心要素关系耦合以及"三北""四季"和社会的融合检验；从冰雪政策的内涵解构，到自然语言处理技术NLP方法和Tableau技术的采用。历经2万余篇文献的归纳提取、数百项政策的解读剖析和空间、时间与社会三个维度实证的复杂过程，有推理、质疑和反思，也有创新和不足。所有这些成果都得益于无数理论和实践工作者留下的丰富研究素材的支持，包括教师和研究人员、政策制定者、文献作者等，在此一并表示诚挚的感谢！

就我个人而言，作为大学管理者和研究实践者，我始终将校长的政治担当和教育使命作为第一要务，也将研究作为我教育管理的一部分工作。冰雪教育、冰雪科技、冰雪旅游、冰雪运动、冰雪资源和冰雪文化是北华大学学科专业发展的组成部分，也是冰雪经济的核心要素，自然成为我的研究领域之一。于是，我开展了国内外调研。在国外，随吉林市代表团出访俄罗斯和白俄罗斯，专题考察学习冰雪教育与科技；在国内，调研了北京的冬奥会组委会、体育大学、泛华体育冰雪、启迪世纪星和新疆阿勒泰可可托海滑雪场等，还有吉林省内的有关主管部门、万科松花湖和北大湖等滑雪场，访谈了温晓天、刘小山、伍斌、杨安娣、王雪莉、范军、赵兰菊等。同时，参加了吴敬平常务副省长组织的吉林省“十四五规划”座谈会并提交了发展吉林冰雪的建议，还有安立佳副省长在北京组织的吉林与清华大学冰雪合作座谈会、清华大学校友体育论坛并宣讲了“吉林冰雪产业与北华冰雪学院”。吉林省教育厅原厅长卢连大先生将亲笔撰写的省政协咨政报告送给我，成为了本研究的最好案例之一。在此基础上，围绕吉林省冰雪产业和经济发展，规划和设计了研究课题。在吉林省社会科学院（吉林省社会科学界联合会）的鼎力支持下，“吉林省冰雪产业人才培养的现实困境和解决对策”（2019JLSKZB078）和“吉林省冰雪经济融合发展路径研究”（2020JLSKWT004）两个课题获得了吉林省“十三五”智库规划基金资助，我带领刘雪松、黄艺红、付卉、徐雪娇、季红颖、王添翼等团队成员完成了全部研究工作。在此，向给予项目研究和本书出版帮助的所有人表示衷心感谢！

值得高兴的是，在繁忙的教学和管理之余，即便是受新冠肺炎疫情影响，我们还是形成了一个相对稳定的研究团队，一直在追踪研究冰雪经济。本书的主要内容来源于“吉林省冰雪经济融合发展路径研究”课题，参与讨论和写作的有：刘雪松（绪论、第一章、第三章、第四章、结论与建议）、黄艺红（第二章的系统论和嵌入理论、第五章、第六章）、付卉（国内外研究评述、第五章的案例分析）、徐雪娇（第二章），数学与统计学院桑海风博士绘制了滑雪场、滑雪人次与趋势变化分析图，我对全书内容进行了多次修订并统校。但是，由于冰雪产业在中国刚刚起步，冰雪经济研究还是一个新领域，限于水平和时间，不当之处在所难免，尚需学者专家指正。

在书稿即将付梓之际，我已离任北华大学校长职务，借此机会向所有关心、支持和帮助我的人表示真诚的谢意！

2021年11月22日于长春·南湖